消える地銀 生き残る地銀

野崎浩成
東洋大学教授
Nozaki Hironari

日本経済新聞出版

はじめに

新型コロナウイルス禍は、奇しくも地銀の光と陰を映し出すこととなりました。「光」の部分としては、飲食・観光を始めとする多岐にわたる業種において、緊急性の高い資金不足を解消するセーフティネットとして機能した点があります。残念ながら倒産に至ってしまった企業も発生しましたが、助けられた事業者も多かったと思います。キャッシュフローが突然止まってしまうという状況に瀕すれば、ビジネスの大小を問わずパニックに近い状況に陥ってもおかしくありません。そこで、存在感を発揮すべきなのが、地域経済に根を張る地銀や信金・信組などの地域金融機関の存在です。

事業環境の極端な悪化による借り手の信用状況低下は、銀行にとっても緊張感を強いられる状況です。しかし、「雨」ではなく「豪雨」に見舞われている状況ほど、銀行が「傘を貸す」ミッションが求められます。特に急激な業績悪化の状況では慎重な与信判断が通常必要ですが、休業等により資金不足に陥ることでキャッシュを確保するニーズの緊急性は高かったはずです。その意味では、地域への強いコミットメントに基づく銀行としての機動性と審査能力が求められる状況でした。

もちろん、この背景には政府・日銀による緊急措置に基づく制度対応があったことも事実ですが、地銀による資金供給により数多くの中小零細企業、個人事業主などが資金ショートを免れた点について疑いの余地はありません。地域経済を支える地銀の存在感が、改めて認識されたと思います。

一方で「陰」の部分もあります。ただでさえ厳しい地銀の経営環境が、景況感の急速な悪化によりさらに厳しくなることです。

第一には、地球規模での経済活動低下による資金ニーズの減少です。景気後退は企業の投資マインドを冷やすことはもちろん、売り上げ減少などによる運転資金ニーズに伴う貸し出し需要が減ることが考えられます。休業などに伴う緊急性の強い資金ニーズや赤字資金などの短期的な資金需要が一巡すれば、貸し出しの停滞がもたらされる可能性があります。

第二には、景気低迷に伴う不良債権の増加です。短期的な新型コロナ禍を乗り越えた企業も、経済活動の停滞が長引けば、企業の破綻ばかりでなく雇用環境の悪化を伴う住宅ローン借り手の支払い能力が限界を超えて、全体としての不良債権増大をもたらす危険性があります。

図表0-1：地域銀行の主要業績推移（億円）

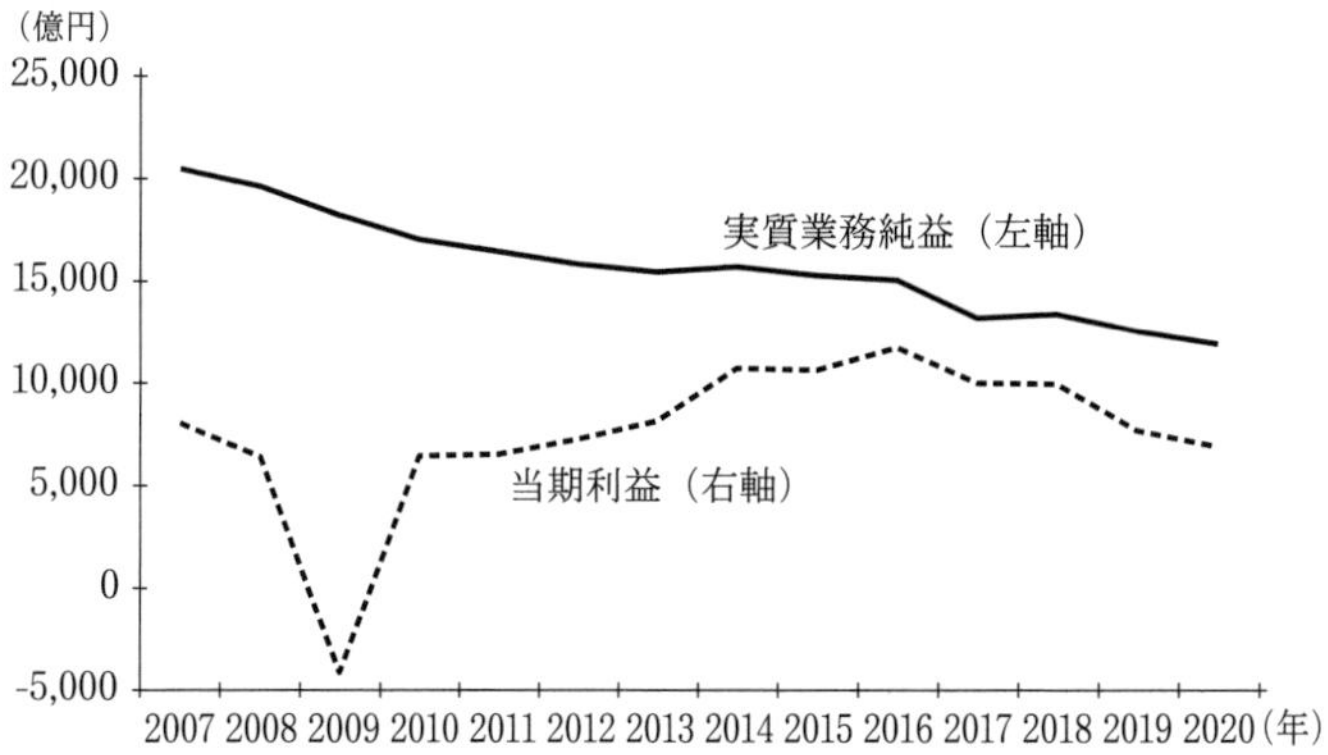

注：実質業務純益＝一般貸倒引当金繰入前業務純益（除く債券関係損益）
出所：金融庁資料に基づき筆者作成

図表0－1からも見て取れるとおり、地銀の本業収益である実質業務純益が、常態化する超低金利環境などにより低迷している状況が続いています。これに加えて不良債権処理に係る「与信コスト」が増加するようなことになれば、既に減少傾向にある当期利益の水準が加速度的に低落する懸念もでてきます。

こうした「陰」の部分を「光」によって挽回できなくなれば、地銀再編を唱える声がさらに高まる可能性があると思います。

地銀再編は本当に進む？

この本は、地銀再編を喧伝するものでも否定するものでもありません。むしろ、地銀経営者の認識と一般の人々の感じ方のギャップを埋めながら、望ましい解への道を皆さんと共に探すためのものです。

先日、学生に「地銀」から浮かぶ連想ワードを聞いたところ、大多数が「再編」「収益悪化」「金融庁」と答えました。金融業界を志望する学生からは、「北尾さん（ＳＢＩホールディングス代表取締役社長）」という答えが返ってきました。「地銀の先行きは大変そうで、当局も心配していて、合併など再編に向かうのではないか」などと見ている傾向が、世間全般に強いことは確かです。

しかし、私が銀行幹部に接している限り、この点での温度差が激しいように思います。現に、２０１９年10月に日本経済新聞社が実施した地銀経営者向けアンケートでは、７割の地銀が「再編検討せず」との回答をしています。

私は、メディアや金融関連の著者が主張するほど簡単に再編は進むとは思っていません。地銀が経営統合を決めるには、皆さんが想定している以上に大きなエネルギーが必要ですから、そのエネルギー以上の「何か」を経営者が感じない限りは何も起きないでしょう。

再編に向かう必要条件としては、経営陣が相応の危機意識を持つこと、そしてこうした感覚を共有できる他行が見つかることです。十分条件としては、頭取経験者など銀行

ＯＢ、地元経済界などの有力者、地方公共団体などの利害関係者の理解が得られる見通しを持てることがあります。また、１つ目の必要条件である危機意識についても、多くの地銀の経営者がすでにクリアしていることと思われがちですが、必ずしも多くの経営者が再編を視野に入れるほどの切迫感は持っていない、というのが私の印象です。島根、福島、筑邦、清水銀行の各行が、ＳＢＩホールディングスの戦略的枠組みに参加する姿は、多くの地銀にとって他人事なのかもしれません。

そんな中、首都圏の大型地銀である千葉銀行と横浜銀行が業務提携で手を結びました。経営統合という「資本」に踏み込むハードルは高いです。ですから、時間をかけて再編に結びつけるのではなく、提携を行うことで、実質的な「統合効果」を作りだす動きが先行するものと思います。これは、危機感を双方が共有しながらも、資本を結びつける経営統合にかかる時間やエネルギーを踏まえた結果だといえるでしょう。

銀行が不要になるのではなく不要な銀行があぶり出される

私は、向こう5年ほどは業務提携中心に機能強化を模索する動きが中心となり、その次の10年で経営統合の動きが加速度的に進むと思います。正確に述べれば、足元では経営体力の比較的弱い地銀が再編する動きを見せながらも、大型の地銀再編は進まないと思いますが、その後は本格的な経営統合の波に主要地銀がさらされると予想します。

地銀の苦境や再編への圧力などについて語られる機会も多いのですが、勢い情緒的な議論に傾くことが少なくありません。本書では、現状を冷静に分析するとともに、地銀経営者のマインドセットを踏まえながら、より現実的かつ客観的な見通しを示したいと思います。

銀行の将来見通しについて戻りますと、地銀ばかりでなく銀行業界全体として悲観的なとらわれ方が支配的のようです。銀行の採用担当者からも、過去に比べて学生の関心が低下して困っているという話をよく聞きます。特に地方において地銀のネームバリューは大きく、新卒の学生にとっては憧れの的であるというのが一般的な認識でしょう。書店に立ち寄っても、銀行の将来性を否定した「銀行不要論」を展開するものも数多く見かけます。

政府が進めるキャッシュレス決済促進の効果もあり、スマホ決済も幅広い世代になじみ始めており、これがあたかも銀行が関わらないかのように印象付けられてしまっています。また、アマゾンなど異業種による金融事業進出のほか、デジタリゼーションにより銀行のような既存業種を破壊してしまう「ディスラプター」と呼ばれる事業体の出現も、こういった銀行不要論を正当化するイメージ形成に寄与しているのでしょう。

しかしこうした論調には、銀行の社会的機能への理解が十分でないことに加え、銀行がデジタリゼーションに対応できないという前提で、かなり荒っぽい扱われ方をされているように思えてなりません。銀行は本当に不要になるのでしょうか？

本書の中で、向こう10年程度を、銀行が不要になるのではなく、不要になる銀行があぶり出される期間だと私は予想します。そしてその次の10〜15年で、場合によっては銀行の概念がなくなる、あるいはもっと過激に述べれば「銀行法」がなくなる可能性もないわけではないと思います。

長期的には「銀行」の概念が薄まる

詳細は本文で述べるにして、簡単に銀行のビジネスの特異性がなくなり銀行の概念が希薄化する条件を簡単に述べましょう。それは、資金決済法の改正やＤＨＣ（多様事業体持ち株会社）制度のグローバルな定着です。

皆さんがおなじみの交通系電子マネーは、チャージしたお金がどこに行くかご存じですか？

東日本旅客鉄道（ＪＲ東日本）のＳｕｉｃａでチャージしたとします。ＪＲ東日本はチャージされたお金の半分を、供託所に預けなければなりません。[1]これが資金決済法の規則です。ですから、ＪＲは得た資金を半分しか自由に使えません。一方で銀行は、預貯金として預かったお金の99％を貸し出しや投資に使うことができます。あとは、残りの１％のみを日本銀行に準備預金として預ければいいのです。しかし逆に銀行と同程度の条件となれば、キャッシュレス決済を得意とする他業態が銀行のような行動を取ることが可能となります。

ＤＨＣに関しても、手短に述べましょう。１９８０年代にアメリカで一時期提案されたもので、要は銀行だろうが自動車会社だろうが１つの持ち株会社の下で抱えられる仕組みがＤＨＣです。これが認められれば、秀でたテクノロジーとマーケティング力を背景に多くの顧客に支持されるプレーヤー、例えばＧＡＦＡが銀行をグループに擁することが可能となります。

このケースにおいては、銀行の概念は存続するでしょうが、ＢaaＳ（Bank as a Service）が浸透し、伝統的銀行の存在がフェードアウトすることにもなりかねません。ＭaaＳ（Mobility as a Service）という言葉が、ＩＴ技術革新の産物として自動車を利用するという概念から、移動という本質的目的を基本に技術革新がその利便性を提供する考え方への変化を示すものとして定着しています。ＢａａＳも同様です。消費者はお金を借りることが本質的目的ではなく、例えば居住空間の獲得による幸福感を追求する手段として銀行を使うわけです。ですから、経済活動の本質的部分を提供するＧＡＦＡのような事業者が、金融サービスをより柔軟に提供できることになれば銀行の概念が希薄化する可能性が格段に高まります。

日本においては、楽天やソニーが銀行業に参入していて、実質的にこの仕組みが入っている形となっていますが、アメリカをはじめとする諸外国では、規制上こうした形での銀行業務展開ができません。したがって、ＧＡＦＡなどが日本においてＤＨＣとしての事業展開を本格的に行うことによって、日常的な風景がガラッと変わる可能性があるのです。この点についても、本文で取り上げたいと思います。

適者生存への道

とはいえ、銀行が不要な時代が来るとは思いません。しかし、不要な銀行が出てきてもおかしくはないと思っています。チャールズ・ダーウィンの『種の起源』ではありませんが、ここ数年で起きつつある環境変化に対応できるかが重要であり、適切に対応できた適者のみ生存すると考えます。

逆風が吹き荒れる銀行業界ですから、多くの銀行経営陣の危機感が高まってきたことも当然でしょう。その結果として、大胆な地域再編の動きも出てきました。長崎県や新潟県におけるトップ地銀同士の経営統合などは、10年前では予想もできなかった組み合わせです。

こうした危機意識に応えるべく、政府も独占禁止法の特例法制定により、向こう10年間における地域内再編を後押しする姿勢を鮮明にしています。今後も、再編の動きから目が離せないでしょう。

銀行以外のプレーヤーも名乗りを上げています。令和の時代が幕開けして間もなく、地域銀行をめぐる「第4のメガバンク構想」がSBIホールディングスから出されました。この構想には、島根銀行、福島銀行、筑邦銀行、そして清水銀行が立て続けに参加を決めました。

このような状況において、地銀はどのように存在意義を確保すべきなのでしょうか？また、地銀で働く行員たちは、どういった意識でこの難局を乗り越えればよいのでしょうか？

残念ながら、一意的な解は存在しません。しかし、ヒントは各所に存在しています。本書は、地銀が置かれた逆境を踏まえながらも、その価値を短絡的に否定するのではなく、社会的にも経済的にも価値ある存在にするために、どういった知恵を絞るべきか考える材料を提供するものです。

第1章「適者生存の時代」では、今後の生き残りを考える上で、最低限、頭の中に入れておくべきポイントを歴史から紐解きます。銀行は、人類の長い歴史の中で、その存在や取引のあり方を変えてきました。経済的必要性からの要請もあれば、政治的背景からの求めもあります。こうした環境変化により、退場を余儀なくされることも少なくありません。逆に、淘汰されるべき存在が、形を変えて生き残った事例もあります。

日本の金融業界も、特に戦後において数多くの環境変化に直面してきました。その都度、銀行は栄枯盛衰と業態変化を積み重ねてきたのです。こうした長期的な視点に基づいて、この半世紀を鳥瞰するところから始めます。銀行はおおむね15年程度の周期で大きな地殻変動を起こし、その対応力が試されてきました。この仮説からすると、まさに令和元年前後が、新たなフェーズに入ったタイミングという計算になります。

この新しい環境変化は、1つの要因だけではなく、いくつかの社会的あるいは経済的要因が化学反応を起こして原動力となっているようです。マイナス金利政策など超低金利状態の長期化、資金不足から資金余剰へと変異した企業部門など、お金を預かりそれを貸すことで収益を上げてきた銀行にとっては厳しい環境が常態化しています。地方では都市部以上に激しい人口動態の変化が起きてきました。さらに、テクノロジーが金融の姿を変えるフィンテックが新たな脅威となって迫りくる状況です。

令和の時代における銀行を考える上で、それ以前の長期的な時代のうねりの中で淘汰された銀行、そして生き残った銀行から、生き残りのための着眼点を得ることは大切なことだと思います。どういった環境変化に対し、どういった銀行が順応できずに淘汰されたかを知ることは、今後の変化の内容が異なったとしても、意味のある示唆を与えると思います。

第2章「悩み多き地銀」では、多くの悩みを抱える地銀の現状とビジネスモデルの限界について考えます。日本銀行は定期的に「金融システムレポート」を発表して、銀行が抱えるリスクなどについて定点観測を行っています。最近の同行の試算では、約6割の地銀が2028年度に最終赤字になるとの見通しが示されました。まさに衝撃的な数字です。しかし、業界の実情を認識している人々にとっては、決して荒唐無稽な数字ではないはずです。

ところで、銀行の赤字決算には、2つの種類があることを知っていますか？

1つは、不良債権の発生や保有する有価証券の価格低下などによる多額の損失負担によるもので、もう1つは収益力の低下による少額の損失です。

日本では、1997年から2003年にかけて、銀行の大小を問わず多額の赤字が発生しました。銀行がルール上事業を続けるためには、一定水準以上の自己資本を維持する必要があります。しかし、多額の赤字決算は、一気に自己資本を減らしてしまうため、破綻のリスクが浮上したのです。いわば「サドンデス」に直面した状況ですから、その時の危機感は、銀行経営陣など内部の人々ばかりでなく、投資家や預金者などの外部でも急激に高まりました。これが、大型再編や国などによる支援を求める動きに火をつけました。私もその当時は銀行内部にいて、他行が破綻した場合のシミュレーションなどに追われたことを今も記憶しています。

もう1つのタイプは、収益性の低下により赤字の額は多くなくとも、じわじわと経営体力を削いでいく「ゆでガエル」型です。超低金利環境が約20年も続いた上で、収益力が漸減してきたところにマイナス金利政策が導入されましたから、これによって「湯温」が急速に上昇したことは確かです。

しかし、前者のような突然死につながりかねない場合とは異なり、経営陣の危機感はさほど切迫したものではないかもしれません。しかし、収益力低下と財務体質の劣化の静かなスパイラルが、地域における金融を支えるプレーヤーの持続可能性を疑わしいものにすることは否定できません。

さらに、テクノロジーの進展は、一般的に銀行業界にとっては毒にも薬にもなるものですが、こと地銀にとっては毒性の強いものであると思います。テクノロジー革新による事業の侵食と顧客行動や価値観の変化に対応できない地銀は、自然淘汰の憂き目を見ることになります。

これに加えて、地銀を悩ますのが銀行法の呪縛です。銀行法は銀行業務を行うための最も重要な根拠法令ですが、銀行法が求める「株式会社」であることの義務により、絶えず株主と地元の間でジレンマを抱えることとなります。例えば、収入が減る中で非効率店舗の閉鎖は、利益確保と株主への還元を考える上で有効です。しかし、地元顧客の利便性を阻害することに疑いの余地はありません。苦しい収益環境、フィンテックのチャレンジ、そして利害の対立と地銀の悩みは尽きません。

これらの苦境やジレンマの解消を、組織再編や経営統合に解を求めようというのが、次章「3つの道」です。

第3章「3つの道」では、第2の自然淘汰の時代到来を迎え、地銀にとっての生き残りへの道を探ります。

冒頭では、経営統合による再編は必要条件という表現を使いました。しかしながら、すべての銀行が再編に向かうべきということを含意しているわけではありません。多くの銀行については、再編によるグループ化の道が適切だと思いますが、再編を伴わない独自路線の道も存在していると思います。

第1の道は、銀行持ち株会社を活用したグループ化について「面での再編」と「機能での再編」の2つの生き方を提案しています。「面での再編」は、アメリカでの経営統合の成功例をベースにしたものです。つまり、同じ地域あるいは隣接する地域市場での覇権を目指すモデルで、いうなれば「リージョナル・メガバンク」の構築を念頭に置いています。そして「機能での再編」、地域的な近接性はなくてもシステムや各種管理業務と株主対応などの一元化を前提としたモデルで、やや緩やかな連合体をイメージしています。本書ではこれを「トランスリージョナル・バンク」としています。

なお、第1の道には「第0・5の道」が付いています。これは、合併や持ち株会社などの資本が絡むグループ化の負荷が大きいことに基づく選択肢です。千葉銀行や中国銀行によるTSUBASAアライアンスのように提携対象を拡大する動きも出てきていますし、競合関係にある横浜銀行と千葉銀行が手を結んだパートナーシップもあります。多大な時間とエネルギーを要する資本結合でなく、資本にこだわらない提携は実務的にも取り組みやすいほか、何より組織的負荷がかかりません。このため、環境変化の激しい時代において、迅速で果断な行動を取るには適切な選択肢です。しかし、より長期的な構造的地殻変動を考えると、第0・5の道は、第1の道へとつながっていく可能性も低くないと思います。

第2の道は、他業態などが提供するプラットフォームの活用です。わかりやすい例が、冒頭で述べましたSBIホールディングスの構想です。同社は、自らが抱える付加価値を「地域金融機関との共創」に使い、これを通じて地方創生につなげたいとしています。経営ビジョンの一環として、社会貢献を掲げるのはわかりますが、美しい表現だけで持続可能なモデルを構築することはできません。

そこで、SBIホールディングスなど幅広い業種のプレーヤーが、実効性と持続可能性を備えたプラットフォームをいかに築き上げられるかについて考えます。プラットフォームを通じて直接、間接的に提供する経営資源が、いかに参加する地銀に価値をもたらすことで「新しい金融グループ」に進展するか具体的に検討しましょう。

第3の道は、再編に頼らない独立路線の継続です。ここでは、適正な経営規模という条件が付きます。

現在、大手銀行や地域銀行を問わず、貸し出しニーズを大きく上回る預金を抱えている状況です。一般企業であれば、資産の売却により経営規模をコントロールすることは可能です。しかし、銀行は原則として半ば受動的に受け入れている預金が経営規模を決めてしまいます。例えば銀行が資産を売却しても、そこで得たキャッシュを負債である預金の返済に使えないため、バランスシートの規模は変わりません。

ただ、現在の金利環境が続く限りは、この資産・負債のバランスでは収益性はジリ貧になるばかりです。そこで、大胆なダウンサイジングを、能動的に行うことが重要になります。それに伴って、2つの選択肢を考えました。1つは先鋭的ビジネスモデルへの変身で、ＢａａＳ（Banking as a Service）つまり銀行が提供できる商品・サービスからではなく、顧客が必要なものをテクノロジーの力を借りて低コストバンキングの実現を念頭に置いています。店舗の大胆な削減で捻出する利益を、デジタルバンキングにおける顧客還元に活用します。また、地域性を活かしてコミュニティとの連携を図りながら独自のエコシステム、つまり地域内における金融・経済・社会システムの循環系を構築します。もう一つの選択肢は、伝統的コミュニティバンキングへの回帰です。まさにデジタルバンキングの対極をなします。やや自虐的な響きがありますが、本書では「発展的ガラパゴス銀行」

という表現を用いています。デジタル化を否定するわけではありませんが、地域での人と人とのつながりを重要視し、小粒ながらもピリリとスパイスの利いたモデルを提案します。ここでは、イギリスで現存するブティックバンクを1つの手本として紹介します。

なお、第2の道で取り上げたリージョナル・メガバンクのモデルと、第3の道で取り上げた発展的ガラパゴス銀行とは、アメリカにおける地域金融の発展経路が参考になります。アメリカでは、地域での再編を重ねて巨大化した銀行と、経営規模の極めて小さいコミュニティバンクに二極化しています。これが意味するところを考えながら、それぞれの妥当性について議論したいと思います。

最後に第4章「持続可能な地域金融」において、3つの道の先にある地銀の長期展望について考えたいと思います。また、再編の有無とは関係なく、地銀の役職員そして将来的に地銀でのキャリアを考えている皆さんに、どのような覚悟を持つべきなのか、そしてそのためにどのようなマインドセットの変革が必要なのかを指し示したいと思います。

私は銀行の中から、そして外から30年以上にわたって業界を見つめてきました。フィンテックや海外における銀行排除モデルについても承知しています。しかし、メディアなどで取りざたされている安易な銀行不要論には与しません。銀行が有する社会的機能の中には、他業態による代替が可能なものもあります。ただし、テクノロジーがいかに進展しても、簡単に置換できないものも多いと思います。

しかし他方で、一部の銀行の持続可能性が脅かされていることも事実です。これは、銀行のビジネス態様により危機の程度は大きく異なるため、慎重な評価が求められます。その中で、最も危機レベルが高いのが地銀です。ちなみに、SBI構想でメガバンクが誕生するかどうかは、実は私の関心の外です。最も重要なのは、どういったパッケージ、どういったプラットフォームがあれば地銀の持続可能性が担保できるかです。

銀行は不要にはなりません。しかし、不要な銀行は出てきます。必要とされる銀行への道を、読者の皆さんと共に考えたいと思います。

なお、本書では「地銀」を地域銀行を示す略称とします。「地域銀行」は、全国地方銀行協会に加盟する地方銀行64行、第二地方銀行協会に加盟する地方銀行38行を総称する呼称として金融庁などが用いているものです。

【注】

1　「発行保証金信託契約」を結んで信託銀行などに同等の財産を預ける、あるいは銀行等と「発行保証金保全契約」を結び供託すべき金額部分を銀行に保証してもらえば、供託所に預ける必要はありません。しかし、信託契約の場合も実質的にチャージ残高の半分を差し出す必要があるわけですし、銀行に保証してもらう場合も、銀行から仮想的にお金を借りるのと実質は同じです（金利の代わりに「保証料」が発生します）。

目　次

第1章

適者生存の時代

令和の時代は、良くいえば適者生存、ネガティブな表現を用いれば自然淘汰の時代を迎えるとみています。環境適応できないプレーヤーは、退場を余儀なくされます。では、環境適応とは銀行業界で何を意味しているのでしょうか？　もちろん、時代の要請により異なります。

これまで銀行は、15年程度のサイクルで大きな環境変化にさらされてきました。近年に激しく銀行業界で自然淘汰が進んだのは、バブル経済が誕生し始めた1988年からの15年です。この時期に退場を余儀なくされたのは大手銀行を含め数多いのですが、それらの破綻はバブル崩壊による負の遺産が原因だという意見が多いように思います。しかし、より本質的な理由は、「国際標準への移行」という時代の要請に適応せずに淘汰されたというのが、私の見方です。

それに続く2018年までの15年は安定期でした。この時期、大手銀行はようやく正常な国際競争を行えるようになりました。地銀も、不良債権処理などの健全性回復から、収益性の回復へとパラダイムシフトが起きました。しかし、この穏やかな状況の中で、様々な矛盾と苦悩が浮上します。地銀は地域内での成長に限界を感じ、隣県への進出に活路を求めました。また、アパートローンや消費者ローンへの傾注、投資商品の販売強化などの、中には顧客本位の姿勢から逸脱するような経営が各所で見られました。この時期、いわゆる持続可能性に関する疑問が浮上してきたのです。

そして、この周期計算に基づくと、まさにここ数年が新しい15年の始まり、すなわち新たな変革期に入ったと考えられます。最初の15年を自然淘汰第１期とすれば、この令和の時代は、第２の自然淘汰の周期と考えられます。このフェーズが新型コロナウイルスで全世界が動揺するタイミングとほぼ同時期に始まったことは、「環境変化」の要素が一つ加えられたことを意味するのではないでしょうか。

この令和時代における自然淘汰を考える上で、それ以前の環境変化で淘汰された銀行と生き残った銀行の差がどこから来るものなのかが貴重な情報となると思います。そこで本章では、特に第１周期についての説明を割き、今後の教訓につなげるポイントを探りたいと思います。

1．銀行の生死は歴史的必然に満ちている

社会の変化が金融の形を変える

金融は社会や経済の鏡です。人々の行動様式や価値観、そしてそれに伴う社会・経済的

な求めに応じて、金融のあり方は姿を変えていきます。

人類の長い歴史の中で、経済活動から求められる金融取引が宗教上の教義との関わり合いの中で、変容と変遷を重ねてきたことは、わかりやすい例です。

イスラム教では、お金の貸し借りに伴う金利の授受が禁じられていることは広く知られています。それゆえ、イスラム教が支配的な地域における銀行の誕生は近代に入ってからです。戦後にアジアや中東で、農業資金や聖地巡礼用積み立てなどの目的から銀行的組織が立ち上げられましたが、本格的な銀行業務は、オイルショック後に豊富なオイルマネーの流入と、アラブ地域におけるインフラ整備などがきっかけとなっています。ただし、いまだに金利に関する教義的制約は強く、現在でも存在感を増しているイスラム金融といわれる手法が広く行われるに至っています。

キリスト教世界でも、経済活動からの資金融通ニーズと教会との綱引きは千年以上の歴史があります。キリスト教も元来、金利を伴うお金の貸し借りは厳格にタブーとされていました。しかし、11世紀後半からの農業革命による生産性向上、そして十字軍遠征に伴う東方貿易の活発化、そして商業ルネサンスなどを経て、多額の資金融通のニーズが高まりました。経済的ニーズと教義のジレンマに立たされた結果、トーマス・アクィナスをはじめとする宗教学者や教会は、思考の転換と議論を繰り返し、経済的要請と教義の間の折り合いをつけることに苦心しながら、教義上の禁止行為についての解釈を改めることによって、金融の基礎を固めていきました。[1] そして宗教改革以降には、金利の徴収を是認するプロテスタントの考え方が浸透し、経済活動と金融はより大きな自由度を得ることとなります。

このように、農業革命や大航海時代、そして産業革命が人々の価値観に働きかけ、それぞれの状況に見合った金融機能を求めていきました。これは、現代に入ってからも同じです。

銀行不要の時代入りか

ここ数年は、スマートフォンの普及により銀行店舗に立ち寄ることなく銀行取引が可能となるばかりか、銀行口座でさえ不要な世の中になりつつあります。アフリカの一部の国では、スマートフォンの普及が銀行口座のそれを大幅に上回った結果、給与の支払いから買い物に至るまですべての経済取引を銀行が関与することなく済ませてしまうことが一般的になっています。[2]

銀行は、国や地域を問わず、厳しい規制や監督を受けます。銀行のビジネスは、銀行法にリストアップしている事業に限定されるほか、常に新しい規制やルールにより行動が縛られます。このため、一般企業で当たり前とされるような、画期的アイデアの創出や革新的ビジネスモデルの追求を行うという思考体系に慣れていない部分があります。その結果として、テクノロジーの進展などを背景とした異業種による銀行ビジネスへの参入には受け身となる場合が多く、これが今日のような銀行不要論につながってしまっているものと思います。

だからといって、短絡的に地銀を含めすべての銀行はお払い箱の時代だと断ずるのは、適当ではありません。まずは、過去の歴史の流れを高所から鳥瞰してから、地銀がどういった歴史的要請に直面しているかを確認するのがいいと思います。

日本の金融は、おおむね15年程度の周期をもって大変動にさらされてきました。つまり、その周期で銀行の課題も変わってきたのです。日本が高度経済成長から安定成長に入り、国際的にも先進国の仲間入りを果たし、国際社会からも主要先進国としての振る舞いを求められ始めた1980年代終わり頃を起点として、大きな歴史の流れを見ていきましょう。この歴史から、持続可能性を失った銀行の姿を観察することで、新しい時代のヒントにしたいと思います。

2．周期的にやってくる自然淘汰の時代（１９８８～２００３年）

国際標準化と消える銀行たち

１９８８年頃はまさにバブル経済の絶頂期でしたが、金融の世界では規制緩和が急激に進み始めた時期でもありました。戦後は経済成長を支える金融資源が極めて限られていたため、安定的な資金の供給に政策的な軸足が置かれていた。このため、銀行行政は「護送船団方式」という悪評に象徴されるように、弱い銀行を含め銀行業界を守りながら育てる、非常に競争抑制的な保護政策が敷かれていました。また同時に、数多くの規制により、銀行に隣り合う他の金融業態との間にも厚い壁が設けられていました。そして、海外からの攻勢にもさらされることもなかったのです。

これに対して、欧米から自由化への圧力は強まります。アメリカは、日米共同円・ドルレート、金融・資本市場問題特別会合（通称「日米円ドル委員会」[3]）とその後継会議体である日米金融市場作業部会（日米金融協議）を通じて規制緩和を迫ったのです。

今でこそ預金金利は各銀行が判断して設定しているほか、預金の種類も銀行独自の商品設計が当たり前です。しかし自由化前は、無秩序な預金獲得競争に走らないように、政府・日銀がコントロールしていました。実際の規制緩和は、大口の定期預金などから段階的に進められ、最後に普通預金金利が１９９４年に自由化され金利自由化が完了しました。

また、保護的行政は、銀行等の役割分担を細分化することによって、競争を抑制する形でも行われていました。自由化は、そうした区分を実質的になくす方向で進められ、その結果、存在意義がなくなる銀行も出てきました。

「長短分離政策」の解消がその代表例です。日本興業銀行（現・みずほ銀行）、日本長期信用銀行（現・新生銀行）、日本債券信用銀行（現・あおぞら銀行）は、預金よりも長い期間の債券（金融債）を発行して資金調達が許されていたため、安定的資金の供給者として経済成長の基幹となる産業を支えてきました。そこで、短い貸出金は都市銀行や地方銀行、長期の貸出金は長期信用銀行や信託銀行という棲み分けができていたのです。

しかし、ユーロ円インパクトローンという長期性の資金の導入が認められたことや、デリバティブ取引などの活用により、こうした境目が徐々に消失していきました。長期信用銀行は長期金融を実質的に寡占できるという特権を持つ一方で、店舗数が少ないため、長短の区分がなくなると一気に競争力を失います。役割区分に基づく保護的な措置はなくなり、長期資金を得意としてきた銀行は、支店数ではるかに上回る他の銀行との競争にさらされることとなり、より簡単に貸し出しが行える不動産向けにのめり込みます。この誘惑は留まることを知らず、リース会社などのノンバンクを通じた不動産向け貸し出しなど、最終的なリスクは不動産に集中してしまうことを構うことなく、安易な貸し出し増大へと傾倒していくことになります。

このような時代の変化と要請もあり、3つの長期信用銀行は、再編による生き残りが果たせた日本興業銀行を残し、他の2行は破綻、国有化の道を歩みます。

つまり、国際標準化の1つの要素である金融自由化という時代的要請に応えられなくなった銀行が、安易な生き残りの道を選択した結果、バブル期における不動産貸し出しに誤った活路を見出し、結果的に多額の国民負担を強いる形となったのです。

時価主義で首が締まる

もう1つの国際標準化の要素が、会計基準の時価主義化への要請です。時価と対極にあるのが、簿価ですが、その差はそんなに大きいのでしょうか？

例えば、トヨタ自動車の株式を買うとします。株価が1万円の時に10万株購入すると、バランスシートの資産に計上されるのは10億円になります。株価が８０００円に下がっても、簿価での計上が許されれば10億円のままですが、時価会計では８億円に目減りします。その減少分が、自己資本の減少につながります。[4]

株式のような有価証券の時価主義は、「金融商品会計」が２０００年4月に導入された時からスタートしましたが、同じようなコンセプトは銀行が抱える最大の資産である貸出金に、実質的にはより早く導入されました。正確には時価主義と呼ぶには抵抗もあるのですが、１９９７年度における「自己査定制度」の導入です。この制度は、銀行の自己資本比率の水準により銀行の存続を左右する「早期是正措置」と共に、アメリカの制度を導入する形での国際標準化の流れを汲んだものです。

制度導入前の段階では、不良債権になるリスクが高くても、必ずしも損失を認識する必要がなかった貸出であっても、この制度に基づく判定結果により損失負担が発生します。[5]具体的には、将来の貸し倒れの可能性や担保による回収可能性などを勘案しながら引当金を積むことになります。引当金を増やした分だけ会計上の損失になりますから、導入に伴う損失は想像を絶する規模でした。ちなみに、当時トップバンクだった東京三菱銀行が、半年前倒しでこの制度に基づく引き当てを実施して赤字決算を発表して衝撃を与えました。余談ですが、この発表で市場は動揺し、発表の翌月には中堅の三洋証券が破たん、そのさらに翌月には大手の山一證券が破綻しました。

問題は、この時価主義化の以前にありました。銀行は決算上の数字を重視しすぎる傾向があり、実質的な経済的負担を犠牲にしてでも表面を整えることに努めたのです。わかりやすい例が、株式の「クロス益出し取引」と危ない借り手への「追い貸し」です。

銀行が巨額の損失を被った時に、赤字決算に陥らないために、保有する株式のうち安い価格で購入してその後株価が上昇したものを選び、売却と再購入を同時に行います。これにより売却益が実現する一方で、その株式を発行した取引先の会社に知られることなく保有を続けたのです。これにより、新しい簿価は昔の安いものではなく値上がりした現在の値段となり、保有株式の資産額は大幅に増加しました。これを「クロス益出し」による「簿価上げ」といいます。この簿価上げが、その後時価会計が導入された後の銀行を苦しめることとなりました。りそな銀行が実質的に国有化された要因の１つでもあります。高い簿価は、株価下落の影響をまともに受け、時価会計を通じて自己資本を直撃するばかりでなく、「繰延税金資産」への依存を深めたのです。[6]

追い貸しも同様です。借り手のビジネスが苦境に陥り、資金繰りが回らなくなり、貸出金や利息の返済すらままならなくなった際に、新たに貸し出しを行うものです。追い貸ししなければ、借り手は破綻して銀行は損失を負担します。しかし、追い貸しにより破綻を免れることで、銀行も決算へのマイナス影響を避けることができます。これは、株式の簿価上げ同様に、危ない相手への貸し出しを増やすことになりました。その後、自己査定や当局による検査などにより、こうした相手への貸し出しへの適正な引き当てが求められ、必要以上の損失負担を背負うこととなりました。

この点は、自己査定制度が導入された後でさえ、類似した経営行動にも見られます。銀行は、数千億円単位に及ぶ貸し出しを行っている借り手の経営状況が振るわなくなった時に、債務免除（借金の棒引き）などにより助けたのです。こうした会社は「ゾンビ企業」とも呼ばれ、一度の支援では終わらず、支援後も再び危機を迎えて再支援を仰ぎに来ました。銀行が助けた1つの理由は、長年にわたる取引による「しがらみ」と破綻することによって発生する損失が債務免除の金額を上回る見通しから来るものでした。このゾンビ企業問題が、小泉政権下で銀行業界の健全性確保のために大ナタを振るった竹中平蔵氏による「竹中ショック」を惹き起こしたものです。

つまり、経済合理性を度外視してまで、表面上を取り繕うことで、その後の問題をより大きなものにしてしまったのです。2つ目の国際標準化は、まさに内在する問題を表に引っ張り出す役割を果たしただけです。

なおこの時、大手銀行は破綻には至りませんでしたが、ＵＦＪホールディングスが半ば

図表1-1：自然淘汰の背景と教訓

時代の要請	淘汰や危機の理由	回避の道
長期資金の優位性喪失	不動産への安易な逃避（長銀や日債銀）	再編、ダウンサイジングと証券への注力
時価主義への移行	簿価主義への固執と依存（株式クロス益出しと追い貸し）	不稼働資産処理による損失の甘受
取引の透明性向上	しがらみと決算至上主義（ゾンビ企業）	経済合理性を重視した取引先支援

出所：筆者作成

救済的に三菱ＵＦＪグループに合流したほか、りそなホールディングスは政府の監視下において、外部からの経営者の派遣を仰ぎながら再生への道を歩みました。

１９８８年から２００３年までバブル期から「失われた10年」までの、銀行にとっては自然淘汰の局面では、いくつかの時代の要請があり、これに対応できた銀行と的確かつ時宜を得た対応をしそこなった銀行があぶり出されました（図表１－１）。

自然淘汰期の体質改善がコロナ禍へのストレス耐性を確立

この自然淘汰期は、銀行業界にとって最も苦しい時期だったに違いありません。この局面においては、銀行ばかりではなく行政も企業も大きなストレスを受けることとなりました。しかしその結果、銀行、行政、企業のそれぞれが危機に対する免疫力を高めることにつながったのです。

この経験があるからこそ、金融市場を発端としたリーマンショックにおいても、世界を不安の渦に巻き込んだ新型コロナウイルスに関してもそれらの影響を吸収して日本の金融システムの混乱を避けるだけの抵抗力を獲得できたのではないかと思います。では、コロナ禍への抵抗力がどのようなものかについて、説明しておきましょう。

新型コロナウイルスの感染がピークに達した２０２０年4月、国際通貨基金（ＩＭＦ）が発表した世界経済見通し（ＷＥＯ）によると、このパンデミックが１００年で最も深刻な景気悪化につながる可能性があるという認識を示しました。経済の劇的な悪化がグローバル規模で進めば、金融システムも無害であるわけはありません。

企業経営の悪化は企業ばかりでなく消費者の信用状況を悪化させ、銀行は不良債権の増加に直面するでしょう。そこで銀行経営が揺るげば、貸し渋りなどクレジットクランチにつながり、実体経済をさらに悪化させる悪循環に至らしめる危険性があります。しかし、金融システムの安全性が損なわれるリスクは小さいと思います。その理由は以下の3点です。

第一には、日本における1997~2003年までの金融危機を経験し、他国に先駆けて金融システムを守るための枠組みが整えられたことにあります。銀行は将来的な貸し倒れに備えての引き当てを充実することを迫られ、同時に自己資本比率の向上を求められました。特に、貸し出しを中心とする与信の会計上の査定やリスク管理は、後に過度に厳しいと振り返られるほど厳格な検査・監督を受けてきたため、ストレスへの耐性は相当程度高められたといえるでしょう。

このため、世界を揺るがすリーマンショックですら、諸外国に比べて銀行が受けた影響は小さいものでした。しかし、リーマンショックはさらに金融機関全体のリスク管理向上を国際的に求めるものとなり、日本の銀行も例に漏れずストレス耐性向上が一段と進むこととなります。グローバルな金融規制強化に舵が切られたのが2009年4月のロンドンサミットですが、この時には「マクロプルーデンス」重視への転換と、国際銀行規制史上最も厳しいと言われている「バーゼルⅢ」に向けての号砲が放たれました。

従来の個別銀行の健全性を維持するものがミクロプルーデンスとされていますが、これに対してマクロプルーデンスは金融システム全体の健全性を維持することが意図されています。そのため、たとえ1行が経営危機に陥っただけでも金融市場全体を混乱させうるような銀行を、G－SIBs（グローバルな金融システムに重要な銀行、Global

Systemically Important Banks）として指定して一般の銀行より厳しい自己資本比率規制を求めるとともに、経営危機時での対応プランであるＲＲＰ（再生・破たん処理計画、Recovery & Resolution Plan）策定を求めるなど、主要銀行の「破綻しにくさ」と「破綻の準備」を同時に整えることで、リーマンブラザーズが引き起こした大混乱を未然に防ぐ狙いがあります。

ミクロプルーデンスの世界でも、バーゼルⅢが適用される国際統一基準が適用される銀行に関しては、資本の厚みばかりでなく、資金繰りの安定を高める努力をここ10年弱続けてきましたので、日本ばかりでなく多くの国において銀行業界全体としてのストレス免疫は高まったといえると思います。もちろん、国内基準行に関しても規制・監督強化の流れの中で同様に抵抗力は高まってきたものと思われます。

第二に、日本における企業の頑健性の向上です。日本の金融危機は、銀行ばかりでなく一般の事業会社の財務的な保守性を高めることとなりました。つまり、銀行が危機に直面して貸し渋りを行うなどの被害を受けた経験がトラウマとなり、日本企業が財務基盤を強固にするきっかけを作ったものと考えられます。

財務省の法人企業統計を見ても、日本企業全体が銀行借入などの有利子負債の割合を著

図表1-2：わが国企業の株主資本比率と有利子負債比率の推移

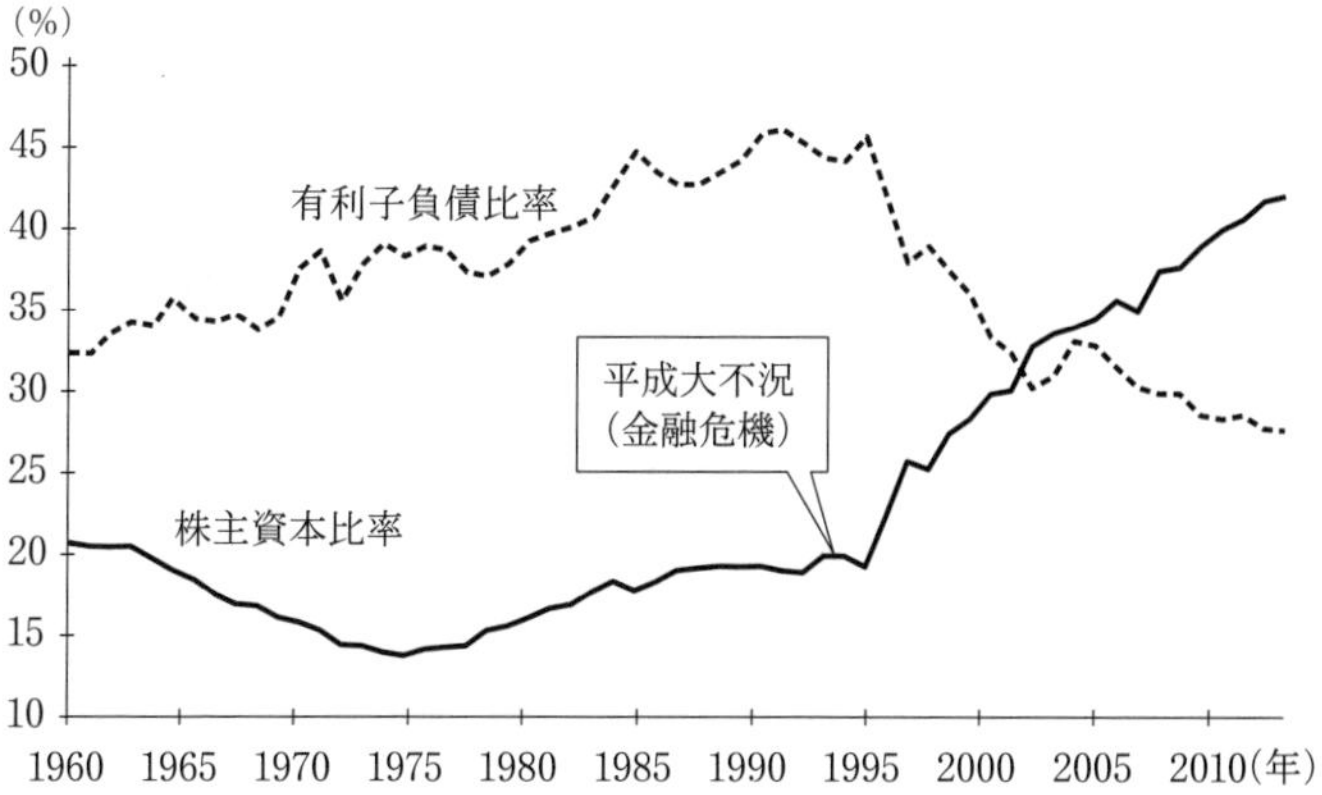

出所：財務省「法人企業統計調査」に基づき筆者作成

しく低下させながら、自己資本比率を着実に上昇させてきました（図表１－２）。

これは、企業が金融危機の経験を教訓として、自己防衛的に財務耐力向上に取り組んだ結果だと考えていいのではないでしょうか。なお余談ですが、日本企業は内部留保を貯めこみ手元現金を投資に回さないからけしからん、という論調が株式投資家や政治家からも発信されていますが、確かに資本蓄積の原動力は内部留保（利益剰余金）の蓄積であるものの、現預金自体の比率は増えていないのが現実です（図表１－３）。

第三に、新型コロナ禍による不良債権発生で最も懸念されるのは、相対的に財務基

図表1-3：わが国企業の内部留保および手元現預金の推移

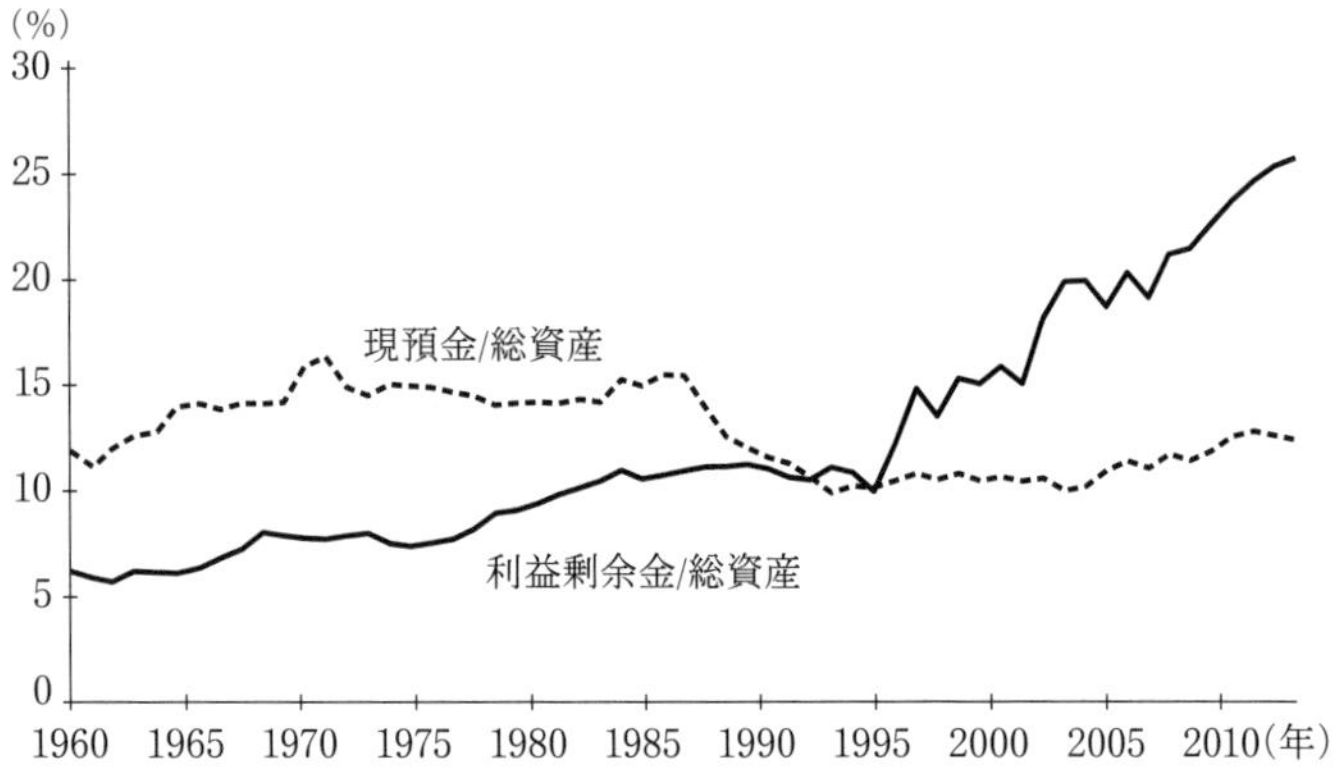

出所：財務省「法人企業統計調査」に基づき筆者作成

盤が脆弱な中小零細事業者や個人であるという点です。企業倒産等により不良債権増加することで銀行財務は影響を受けますが、その度合いは、倒産件数よりも倒産の内容に左右されます。

先ほど紹介した法人企業統計調査に基づく自己資本比率の上昇は、企業間の格差が存在しているものと考えられ、中小企業についてはいは大企業ほどの財務的改善を果たせていないところも多いと思われます。このため、経済活動の減速が長期化した場合に、中小零細企業等向けの貸し倒れが増えてくる可能性は低くないと思います。

しかし、過去の倒産発生状況と銀行の不良債権関連損失から分析すると、銀行業界全体に衝撃を与えて金融システムが動揺する状況

図表1-4：わが国における企業倒産の推移

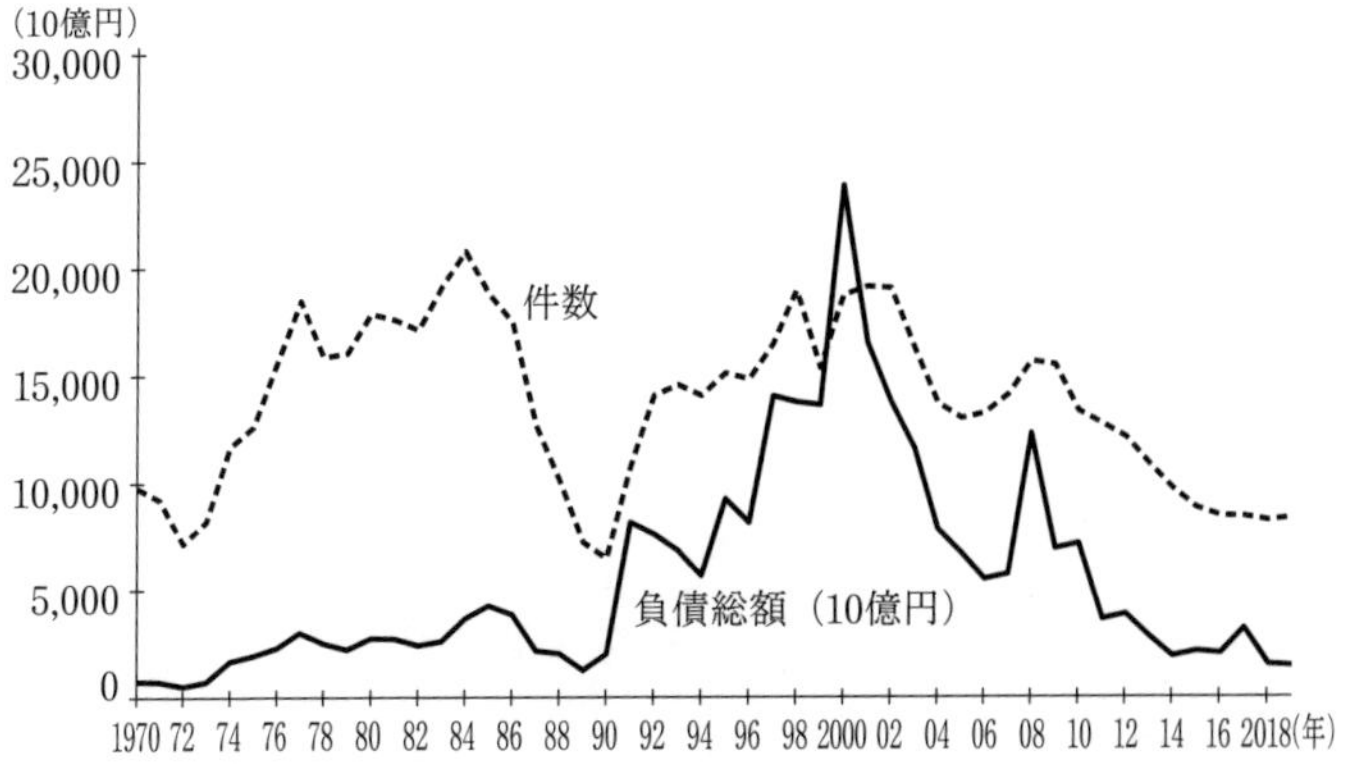

出所：東京商工リサーチおよび帝国データバンク統計に基づき筆者作成

に至らしめるのは、倒産件数よりも大口貸し出し先の破綻による部分のが要因として大きいのです。この点に関しては、図表１－４をご覧ください。景気後退局面では企業の倒産件数が増加するのは当然ですし、景気循環と合わせて倒産件数も大きな循環性をもって波打っている状況が確認できると思います。しかしながら、倒産企業の負債総額の動きには必ずしもこうした循環性は見られません。

　これは、ゾンビ企業と揶揄された大口問題先の破綻が90年代後半以降に発生した部分が、負債総額の山を作っているだけで、景気循環との関連性は薄いことが推察できると思います。

　さらに分析を進めると、銀行の不良債権処

図表1-5：銀行不良債権処理損失（与信コスト）と倒産1件当たりの平均負債総額の推移

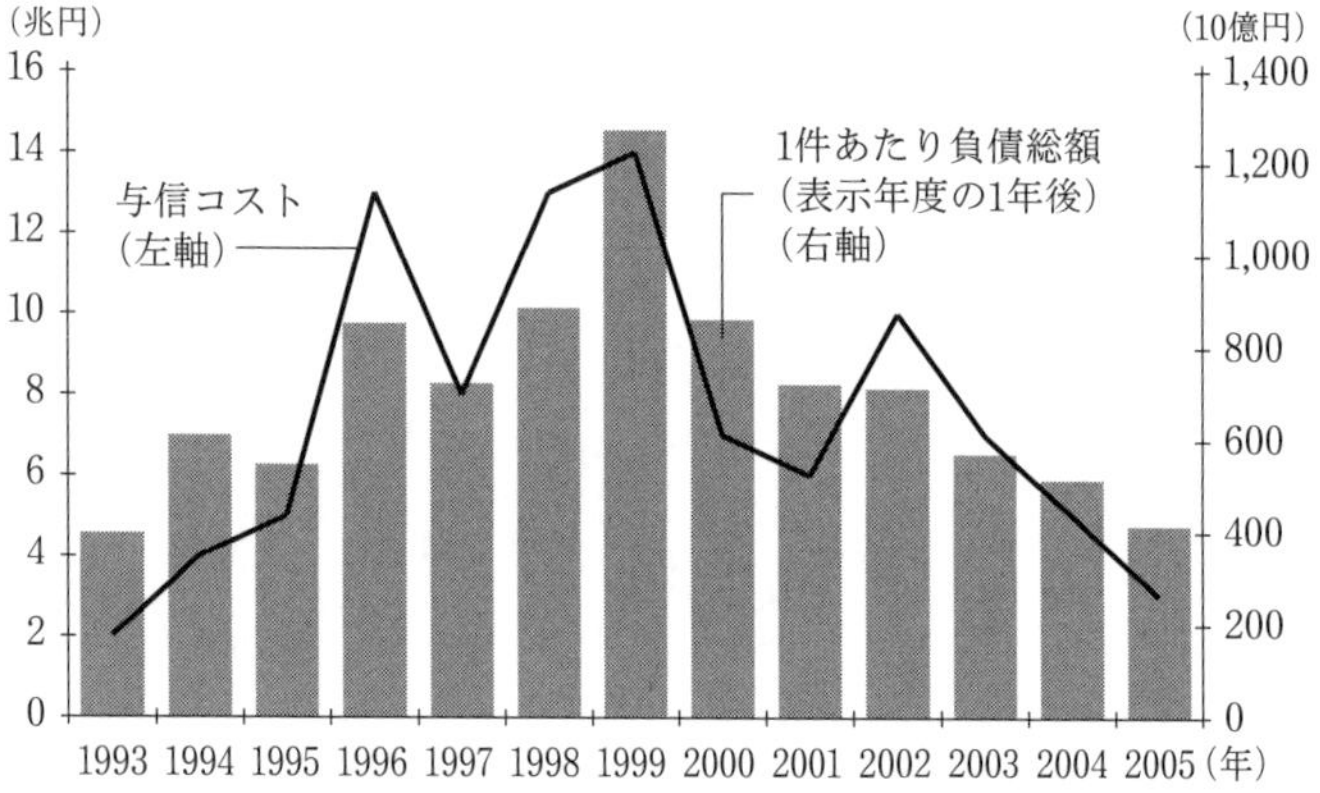

出所：全国銀行協会および東京商工リサーチ統計に基づき筆者作成

理に伴う償却や引当負担によって生じる与信コストは、倒産1件当たりの負債総額との関連性が深いことがわかりました。図表1－5は、銀行不良債権処理損失（与信コスト）と倒産1件当たりの平均負債総額の推移を比較したものですが、両者の相関性の高さが確認できると思います。

なお、この分析については一点工夫をしています。与信コスト増加は、内訳的に貸倒引当金増加による割合が大きいのが通常です。これは、借り手の信用力低下に伴い、「債務者区分」を格下げすることで増える引当負担によるものです。銀行がこうした格下げを行うことで、貸し出しによる支援が絶たれて借り手が倒産に陥る場合が少なくなく、銀行の損益的には引当負担増加が先行して、そのあと時間的なズレを伴いながら企業が倒産に至る場合が多いと思います。そこで、このグラフを作成するにあたっては、負債総額推移を与信コストから1年遅らせて比較しています。

もちろん、大口貸し出し先が問題化しないとは言い切れません。足元でも宿泊・飲食・サービスそして運輸などの業種が影響を受けており、大企業にまで延焼する可能性はゼロとは言いません。しかし、企業側では財務体質の改善が進んでいる一方で、銀行側も信用リスクの集中管理を制御するリスク管理態勢が進められており、過去に経験したような大きな波にさらされる危険性は低いと見ております。

3. 安定期の15年がスタート（2004～2018年）

国際競争力の回復

2003年までの15年間は、日本の銀行が国際標準になるための「産みの苦しみ」のプロセスでした。このフェーズでは、淘汰された主要プレーヤーもいれば、再編により活路

図表1-6：世界の銀行の海外向け資産（貸し出しなど）推移

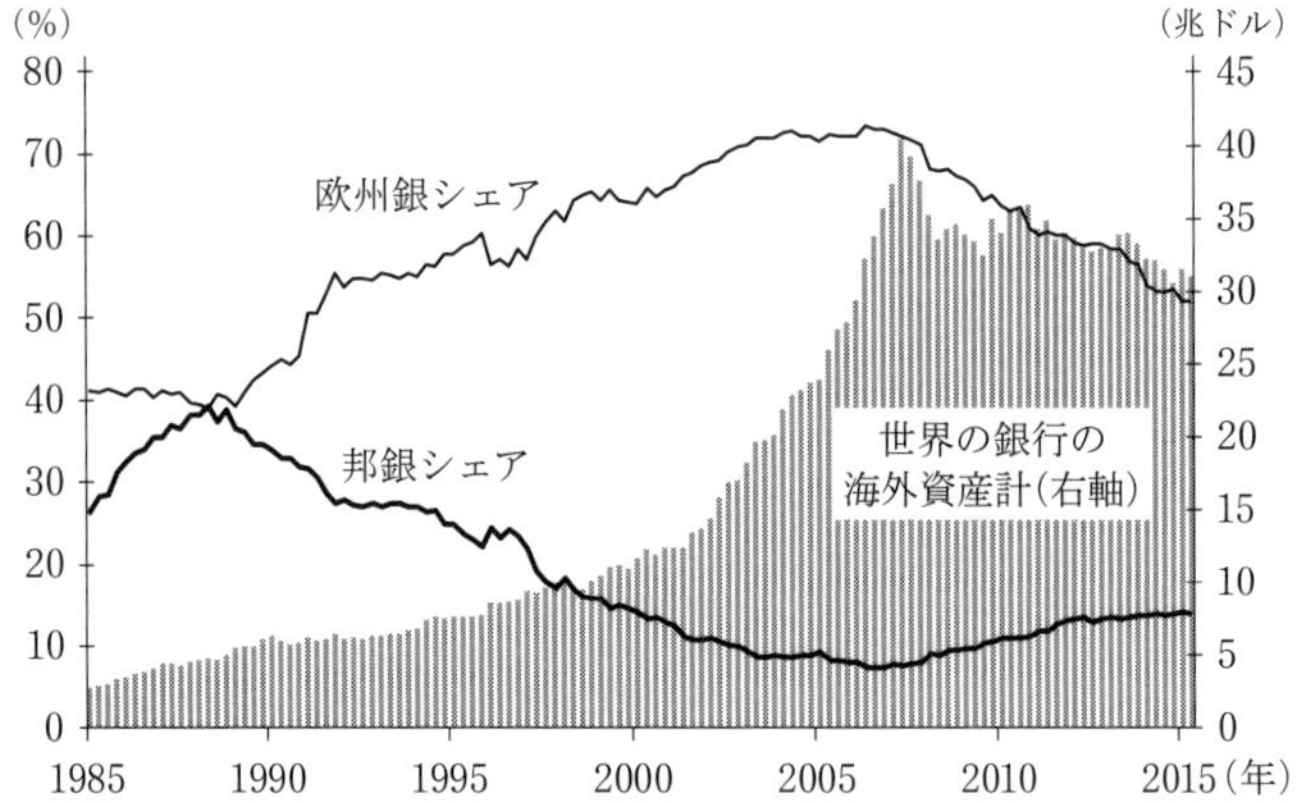

出所：国際決済銀行統計に基づき筆者作成

を見出したところ、政府による支援で立ち直ったところもありましたが、経済合理性に立脚した思考方法も、外部に対する説明責任を負っている認識も含めて世界的にまともな銀行になることができました。

そして、新しい時代がスタートします。表面的には明るく、そして日本の銀行が目覚ましい復活を見せる時期です。財務的にも市場から問題視されていた保有株式は、ピークで40兆円近くあったものが10兆円以下まで削減できました。銀行の健全性を測る自己資本比率の水準も急速に回復したほか、不良債権の発生も無視できる水準まで低下するなど、金融危機は遠い記憶となりました。その証拠に、株式市場からの評価も急回復して、銀行の株価は数か月で2倍にも3倍にもなりました。

世界の銀行を恐怖に陥れたリーマンショック（２００８年）に際しても、日本の銀行への影響は限定的で欧米ほどのショックはありませんでした。日本勢はメガバンクを中心に、海外の競争相手が弱るなか、非日系企業向け貸し出しや海外インフラなどプロジェクトファイナンスでシェアを伸ばしました（図表１－６）。またこの時期、世界的金融危機の教訓からバーゼルⅢ[7]という新しく一層厳しい国際規制が導入され、特に欧州の銀行に対する日本の銀行の優位性が鮮明になったこともあり、メガバンクは海外における金融機関や事業の買収を積極的に行いました[8]。

安定期の水面下で進む持続可能性への疑問

健全性の急回復は、大手銀行、地域銀行を問わずほとんどの銀行で遂げられました。これでようやく、経済活動を安定的に支える銀行のミッションが遂行できるようになったのです。つまり、社会的にも経済的にも銀行の価値が再認識され、地銀としては地域経済を支える持続可能性が確保できたように見えました。

図表１－７が示す不良債権コストの明らかな低下と落ち着きなどは、その証左です。

図表1-7：地域銀行の利ざやと不良債権コストの推移

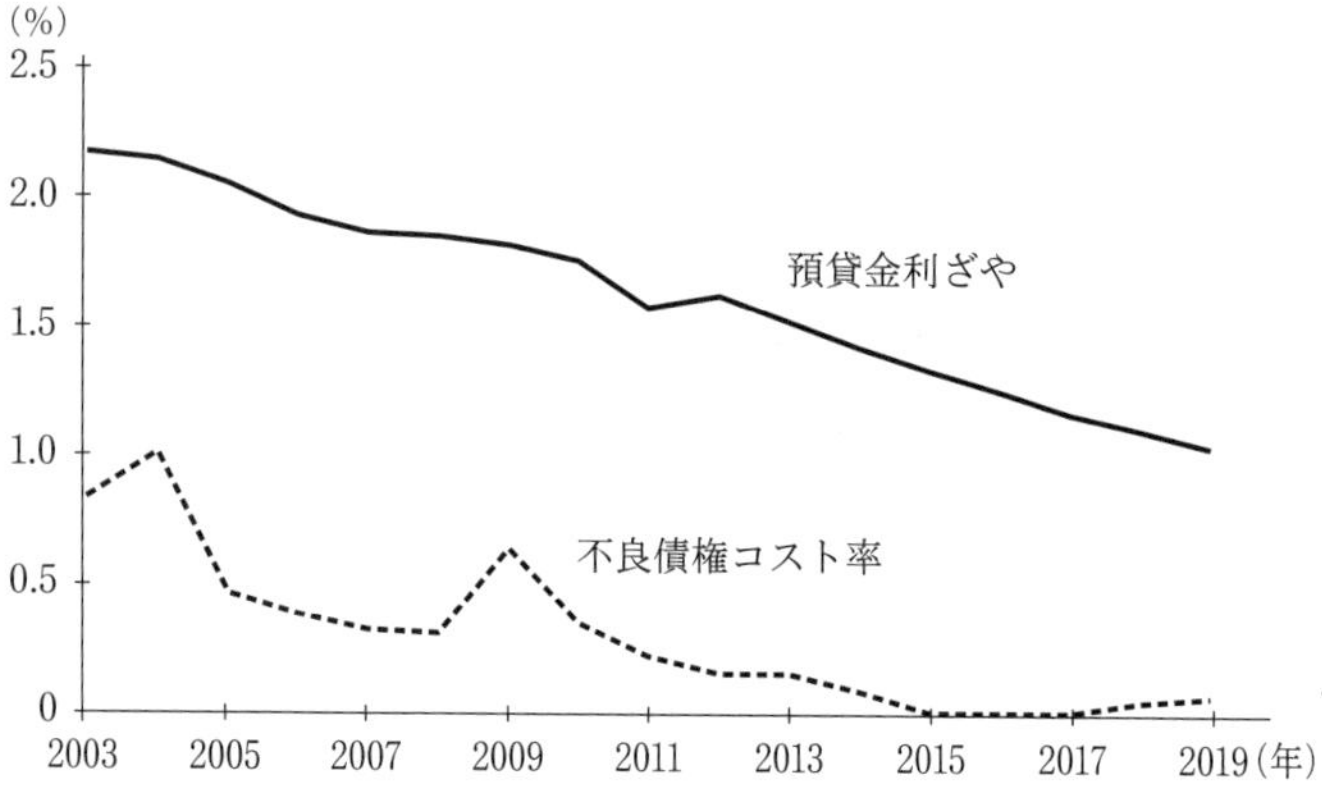

注：預貸金利ざやは国内業務部門の平均貸出利回りと預金等利回りの差、不良債権コスト率は与信関連費用（貸し倒れに関連するコスト）を期末貸出残高で割ったもの。
出所：全国銀行協会統計に基づき筆者作成

しかし、このグラフが示唆する情報は、それほど楽観的なものではありません。銀行の主要な業務は、預金でお金を取り入れて貸し出しすることで、これに伴う利益はボリュームと利ざや（金利の差）の掛け算です。貸し出しはそれほど簡単には増やせないので、利ざやが重要なのですが、グラフでご覧のとおり、利ざやはジリ貧の状況です。

最も大きな要因と考えられるのは、マイナス金利政策に象徴される超低金利の常態化です。市場金利が低下すれば貸し出し金利も低下しますが、預金金利はこれ以上下げられない水準まで来ているので、その差が縮小するのは自明です。ただ、懸念すべきはもっと本質的な問題です。1つは、貸し出しに対するニーズが縮小する中での、過当競争です。

図表1－8を見てみましょう。財務省の法人企業統計に基づいて、日本企業の純資産と借入がそれぞれどのように推移しているかが一目瞭然です。このグラフを見ると、バブル期における借入の急増が明らかなほか、2006年に純資産が初めて借入を上回って以降は一貫してこの傾向が続いていることがわかります。純資産は増加を続ける一方、借入は停滞を続け、これが株式市場の投資家から「日本企業は財務レバレッジが利いていない」と非難を受け一因でもあります。

実際のところ、日本の銀行全体が受け入れる預金に対して、貸し出しが行えているのは2019年3月末で70％に過ぎません。限られた資金需要に対し、銀行が貸し出しを確保すべく金利を引き下げるのは自然です。

これに3つ目の理由である安全志向が加わります。銀行は第1の自然淘汰の厳しい局面で、不良債権を増やしてはいけないという意識が根付きました。これは、金融危機の中で導入され、最近廃止された「金融検査マニュアル」とこれに伴う厳しい金融検査の影響が大きいと思います。

このように、金融政策の負の影響以外にも、銀行の過当競争や貸し出しの安全志向が銀

図表1-8：日本企業の純資産と借入の推移

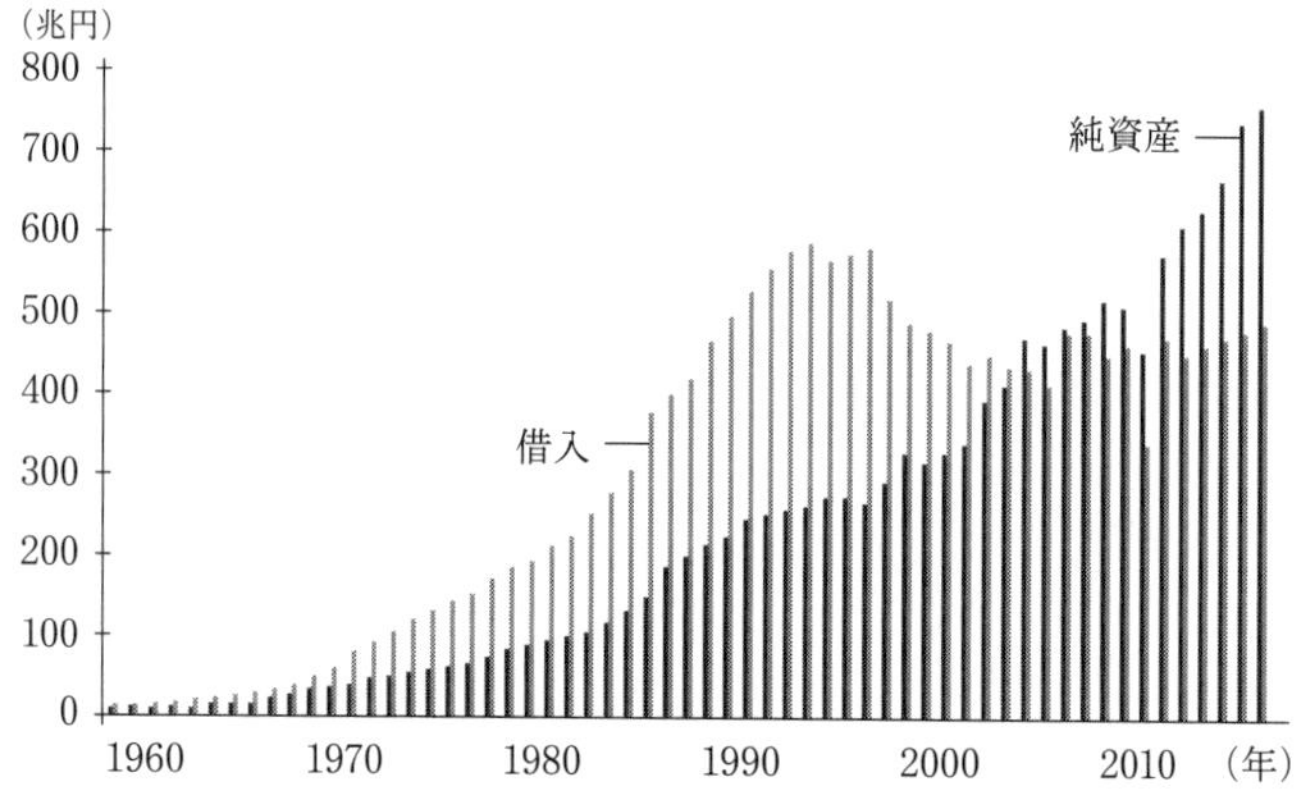

出所：財務省「法人企業統計調査」に基づき筆者作成

行の本質的収益力を痛めていることはわかると思います。こうしたマクロ環境と銀行のマインドセットの変化が複合的に銀行の収益性と持続可能性に影響することとなります。

特に、収益の多くを国内の資金利益に依存している地銀は深刻です。図表1－9は銀行の収入を表す業務粗利益の内訳について、大手銀行と地銀で比較しています。大手銀行が貸し出しなどによる金利収益を示す資金利益と、それ以外の手数料などの非金利収益がおおむね半々であるのに対し、地銀は9割近くを資金利益に依存していることがわかります。結果的に、図表1－10が示すとおり、業務粗利益の遷移状況は大手銀行と地銀で明暗を分けています。

図表1-9：収益依存度

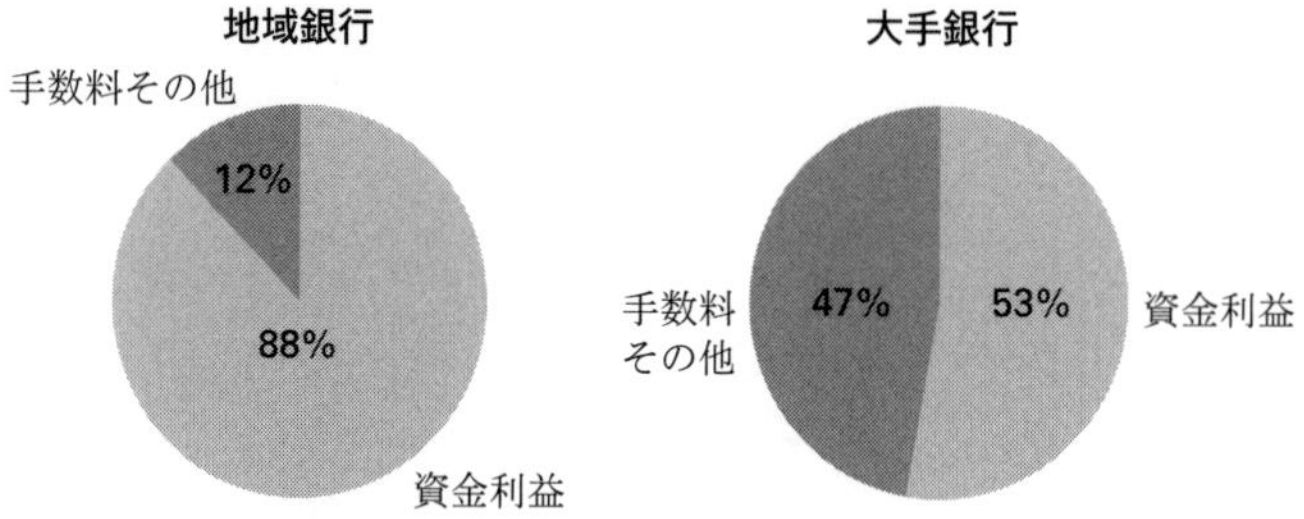

出所：全国銀行協会統計に基づき筆者作成

図表1-10：業務粗利益の遷移状況

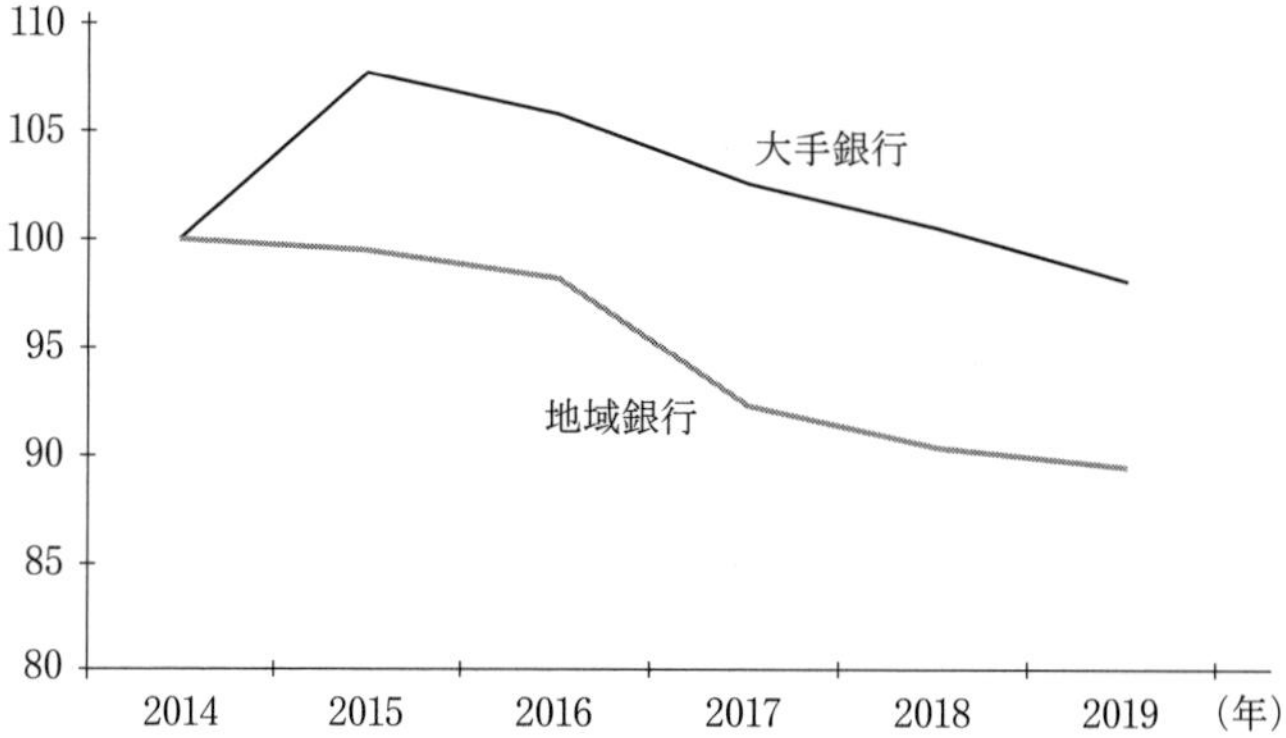

注：2014年を100とした時の相対推移
出所：金融庁データに基づき筆者作成

安定期の水面下で進む存在意義への疑問

また、この「資金利益」という収益項目についても、注意をする必要があります。貸し出しによる収益機会が厳しい状況の中で、地銀は投資信託など有価証券投資による収益の挽回を図ってきました。

図表1－11は資金利益の収入のうち、貸出金利息と有価証券利息配当金の内訳がどのように推移してきたかを示しています。

明らかに貸出金利息が減少する中で、有価証券投資により収益の回復を試みてきたかを表していると思います。ちなみに、有価証券利息配当金への依存度は過去10年間で、約2割から3割へと上昇しています。

さらに、この部分を深掘りすると、資金利益以外の項目での有価証券投資の役割がより鮮明となります。図表1－12に、有価証券投資に関連する収益をインカムゲイン、キャピタルゲイン（債券等）、キャピタルゲイン（株式）に分けて表示しました。

株式や投資信託の配当金や債券の利息などは、インカムゲインとして業務粗利益のなかの資金利益に含まれます。投資信託や債券などを売却して発生する売却益や損失は、キャピタルゲイン（債券等）として同様に業務粗利益に分類されますが、内訳項目が「その他

図表1-11：地域銀行の資金収入の内訳の推移

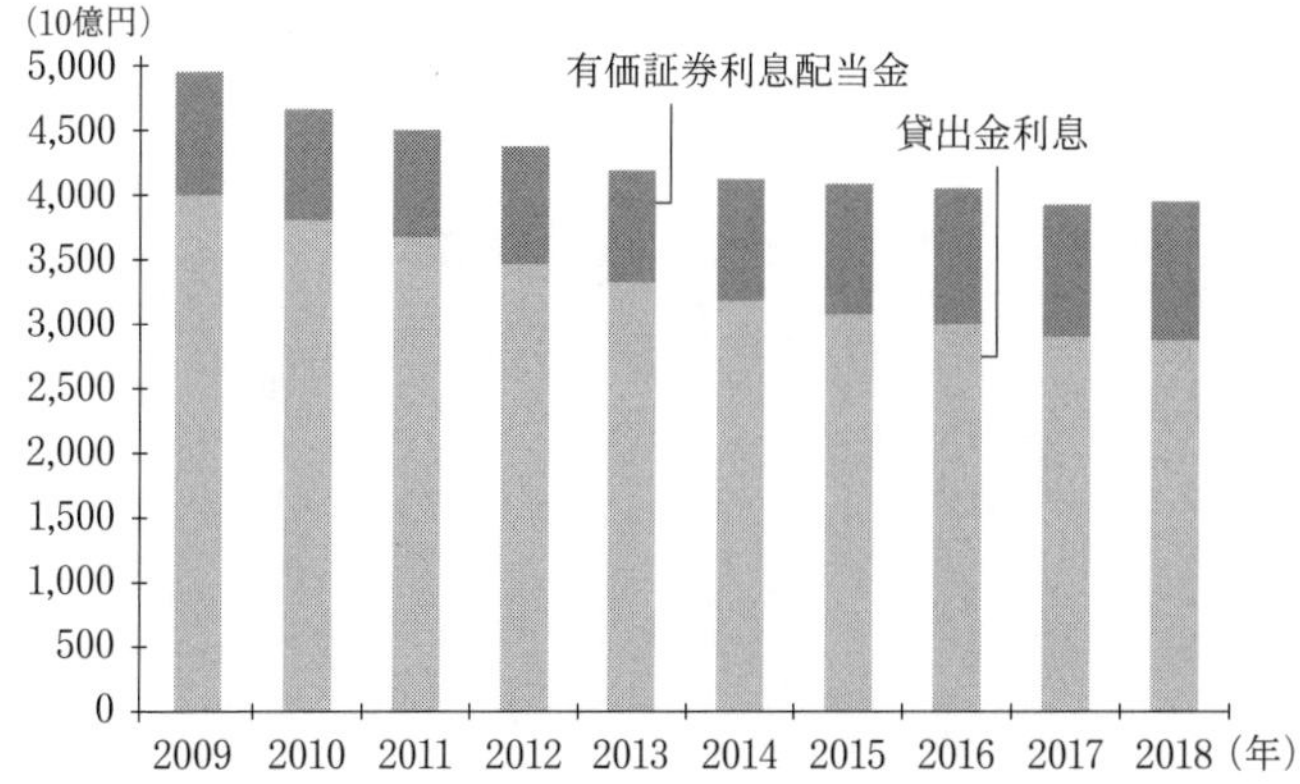

出所：全国地方銀行協会および第二地方銀行協会データに基づき筆者作成

図表1-12：地方銀行の有価証券関連収益の推移

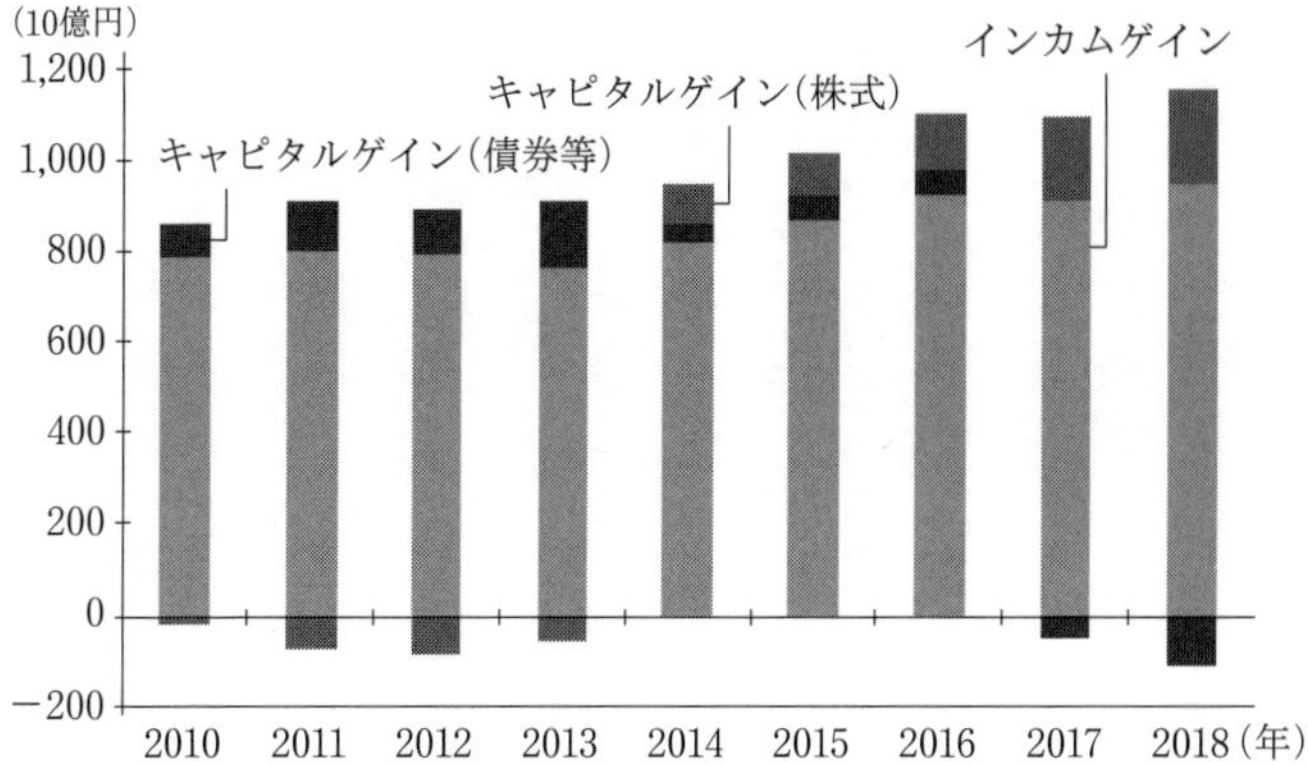

出所：全国地方銀行協会データに基づき筆者作成

の業務利益」となります。そして、株式の売却損益は、キャピタルゲイン（株式）として業務粗利益ではなく、臨時損益という項目となります。

なお、投資家やアナリストが注目する本業の収益は「実質業務純益」という項目で、業務粗利益から営業経費を差し引いたものですから、最後のキャピタルゲイン（株式）は含みません。

こうした地銀の投資行動が、適正なリスクマネジメント態勢のもと、十分な経営・財務体力に基づいて行われていればよいのですが、そもそも銀行の最も付加価値のある事業は、「情報生産機能」と経済学で呼ばれる審査能力、つまり目利きの力を発揮してお金を貸すことにありますから、あまりに有価証券投資に軸足が置かれることは、決して望ましいことではありません。また、銀行の存在意義にも関わってくることだと思います。

それはかりではありません。地銀の多くは海外に支店を持っていないため、自己資本比率規制に関して、厳しい国際統一基準の適用を免れて、わが国独自の国内基準を充足すればよいこととなっています。[9] 国内基準は国際統一基準とは異なり、有価証券の評価損益を自己資本に反映する必要がありません。したがって、有価証券投資の結果、含み損を抱えても自己資本比率が低下する事態を回避できてしまいます。こうした措置が、有価証券投資への誘惑を増やしてしまう危険性を考える必要があると思います。

銀行の貸し出しについても、さらに注意が必要です。銀行は資金が余っている人や会社などから預金としてお金を集め、資金が不足して困っている人たちに融通することに社会的存在意義がありますが、銀行がお金を貸す行為そのものが批判される場合があります。

その一つが、消費者ローンです。個人向けローンは、住宅ローンや教育ローンなど使途が明確なものが柱となっていますが、企業向け貸し出し以上に競争が激しく、金利引き下げ競争に終わりが見えない状況が続いています。そこで、大手銀行も地銀もこぞって強化したのがカードローン、つまり使途が自由な消費者ローンです。

消費者金融会社やクレジットカード会社は貸金業法の制約を受け、年間収入の3分の1を超える貸し出しができないほか、収入証明などの提示義務、さらにはテレビCMなどの放送時間帯の規制がありますが、銀行にはこうしたルールが適用されません。もともと、こうしたカードローンの金利は高いですから、収益を強化したい銀行にとっては魅力的な収益源に見えたに違いありません。このローンの残高は図表1－13にあるとおり、急増しました。

その後、多重債務者の増加や自己破産などの社会的問題を惹き起こし、金融庁が調査に乗り出す事態にまで発展しました。

図表1-13：銀行の消費者ローン残高推移

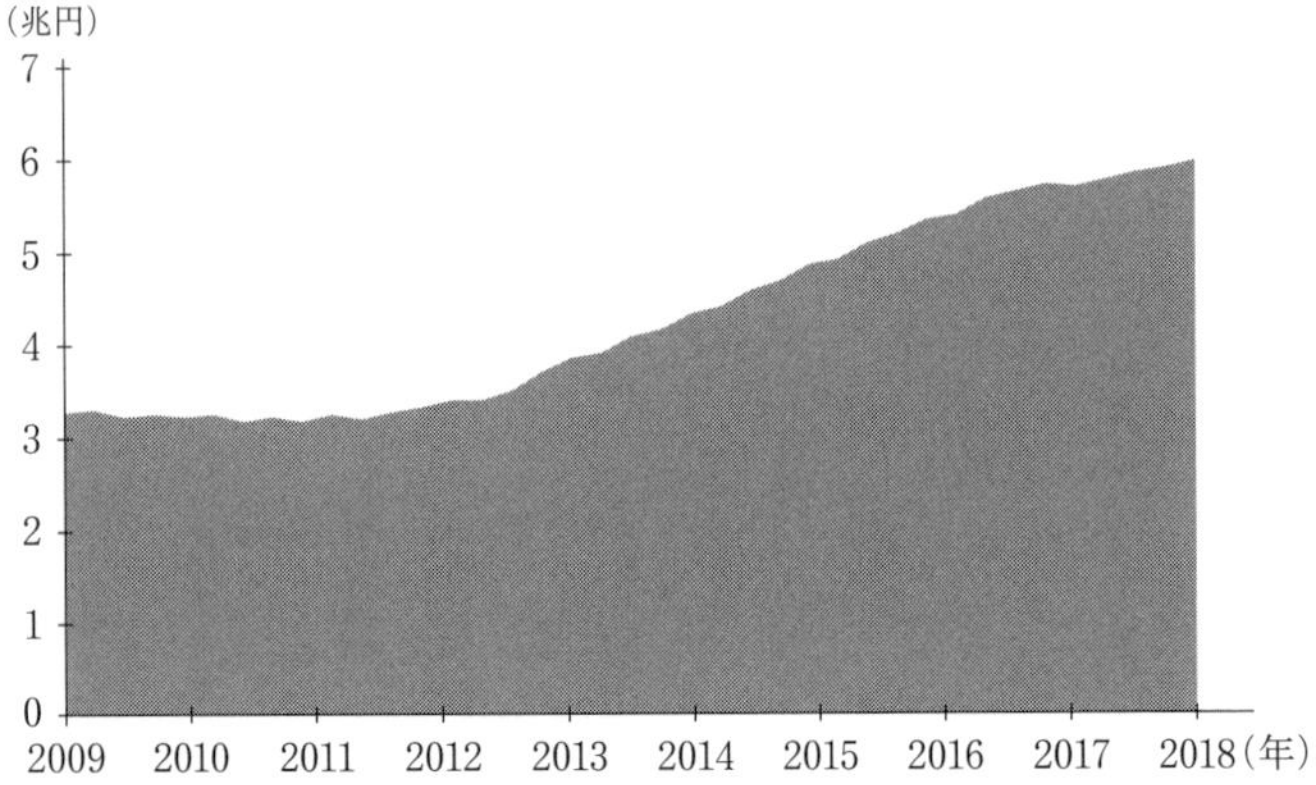

出所：日本銀行データに基づき筆者作成

銀行の不適切な貸し出しといえば、スルガ銀行のシェアハウス向けローンの事案が記憶に新しいと思います。これに類似する貸し出しカテゴリーに、アパートローンがあります。アパートローンは自己居住用の住宅ローンとは異なり、個人が営む賃貸住宅の建設資金を銀行が融通するものです。例えば、土地を保有している高齢者に、相続税対策の一環としてアパートローンを勧める場合があります。[10]

しかし特に地方においては、人口減少や地域経済停滞による賃借ニーズ低下などにもかかわらず、空室率を甘く見積もった案件も少なからず存在していて、金融庁もこれを問題視しました。残高の増加率はカードローンほどではありませんが、残高の絶

図表1-14：銀行のアパートローン残高推移

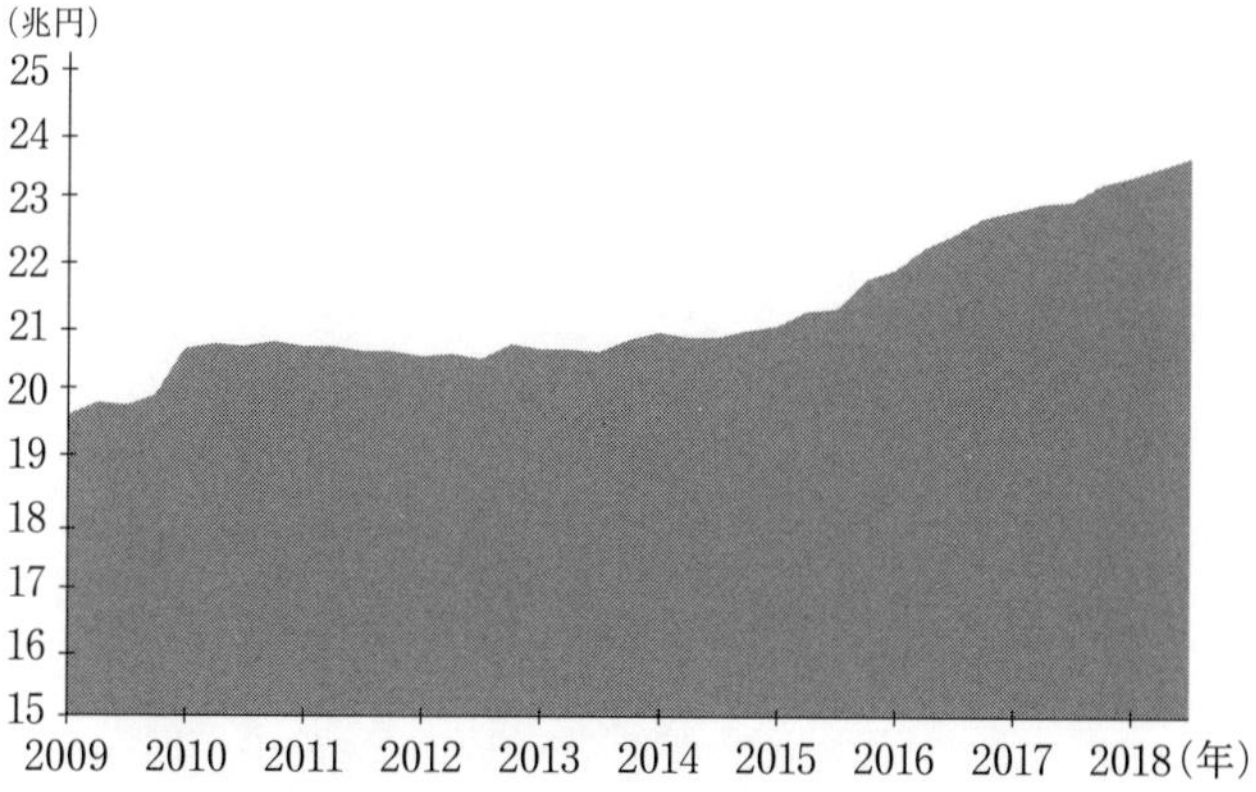

出所：日本銀行データに基づき筆者作成

対額は非常に大きく、こうした甘い見積もりの結果は、銀行にとって不良債権を増やすばかりでなく、借り手に不幸を招くことになります。

図表1－14が示すとおり、銀行のアパートローンはここ5年程度で急増していることがわかります。伝統的な住宅ローンを巡る競争が激化して、低金利での貸し出しを余儀なくされた中で、アパートローンに活路を見出した状況がよく表れていると思います。

安定した状況に隠れた自然淘汰の足音

前回のサイクルで経験した国際標準の波に翻弄された15年は、ほとんどの銀行を苦しめました。その後に続く２００３年から２０１８年までの15年間は、財務的な健全性の改善が果たされ、自己資本比率や不良債権の問題よりも収益性の改善に意識を向けさせる余裕ができました。

しかし、収益性への関心が高まるほど、厳しい経営環境の中で、存在意義の自己否定につながりかねない経営行動に走るケースが増えるという皮肉な展開となりました。これが、安定した状況に隠れた、次の自然淘汰の危険性の浮上です。令和の幕開けは、銀行が直面する課題の新しい変化の時代のスタートにもなりました。

迫りくる新たな時代の危機について考えてみましょう。

4．テクノロジーの挑戦と第２期自然淘汰の時代（２０１９～２０３３年）

コロナ禍があぶり出す銀行の存在理由

新型コロナウイルスは経済や社会への手痛い打撃を与えると共に、私たちの生活や行動の規範や考え方まで変えてしまった印象があります。「巣ごもり」はネットでの取引を大幅に増やし、スーパーやコンビニでの買い物においてはキャッシュレス決済が当たり前となっています。

世界を不安と混乱に陥れたこの疫禍は、日本ばかりでなく多くの国で銀行業界に影響を及ぼすと予想します。

第一に支払い手段の変化を介した影響です。中国では市中流通済みの紙幣を消毒処理する様子がメディアを通じて報じられるなど、「現金は汚染されている」という認識が多くの人々に共有化されたと思います。現金決済がもたらす支払い側、受け取り側双方への衛生上リスクは、今後も人々の意識に根付いていくことでしょう。

そして、スマホ決済や非接触型ＩＣカード等を通じた決済の浸透は、こうした決済手段を提供する銀行以外の事業者と消費者との近接性をさらに高めていくものと考えられます。

第二に一般企業の財務戦略を介した影響です。これまでは日本企業は、内部留保をため込み、キャッシュを無駄に抱えすぎていると株式市場から批判され続けてきました。こうした批判は政府にも伝播し、手元現金や内部留保への課税強化というやや的外れな議論さえも引き起こしました。株式投資家は「余剰資金を投資できないのであれば自社株買いなどを通じて株主還元せよ」と圧力をかけ、政府からは「賃金引き上げや積極的な設備・開発投資を行え」という声が上がりました。

しかし、諸外国におけるロックダウンによる消費減少、そしてサプライチェーンへのインパクトも加わり、需要・供給両面での負の衝撃が、世界規模で企業経営を脅かしました。有名企業の破綻も連日のように報じられました。その点で、日本企業の厚い資本基盤は損失の吸収余地を作り、手元現金は当面のショックを受け止める役割を果たしたことは、市場と企業双方の認識に影響を与えたと思います。つまり、現金圧縮を美徳とするグローバルな傾向も修正される可能性があると思うのです。正常な経済環境を前提として、お金を借りて財務レバレッジを利かせることで資本に対する利益率を上げて株式投資家を短期的に喜ばせることは、同時に緊急事態において馬脚を露わす脆さを抱えることになるという点が再評価されるのではないかと思います。

こうした企業行動は、貸し出しなど債務性資金供給を担う銀行にマイナスの影響を及ぼすでしょう。企業は財務戦略をより保守的な方向、つまり財務レバレッジを抑え込む方向に運営する可能性を意味しており、現状においてさえ預貸率（預金に対する貸出の割合）が６～７割という日本の銀行にとって、より貸し出し機会が減るという意味で厳しい経営状況を意味しています。

第三に消費者による金融取引への向き合い方の変化です。緊急事態宣言に続き大手証券会社が国内の主要リテール店舗を休業させました。また、社会インフラとしての位置付けが高い銀行店舗ですらも、時間短縮営業の動きが広まりました。不要不急の外出とは何かが問われる中で再評価されたのが、銀行取引です。インターネットバンキング等の非対面取引の必要性と利便性が見直されるきっかけにもつながっているため、銀行ばかりでなく金融機関全般にとって、店舗の戦略上の重要性の低下が加速度的に進むのではないかと思います。

そもそも、銀行の店舗というのは、ユーザーからしても銀行からしても「微妙」な存在です。ショッピングに出かける感覚で銀行店舗を訪れる人は、まずいないでしょう。ほとんどの人にとって、「仕方なく行く」存在のはずです。一方で、銀行からしても、店舗はコストばかりがかかります。たしかに、支店の窓口を通じて投資信託など手数料を稼げる商品の勧誘ができるため、店舗は収益につながるチャネルであることは確かです。しかし、もしインターネットや電話等で済む話であれば、双方にとって都合がいいかもしれません。

先日、海外出張から帰国して使い残した外貨を両替するために、銀行を訪れました。しかし、大手銀行であろうが地銀であろうが、すべて行った先で断られました。仕方なく、金券ショップで日本円への両替を果たしました。いったい、銀行店舗の社会的機能というのは何なのでしょう？

こうしたフラストレーションを解消するのが、デジタリゼーションです。スマートフォンなどの携帯端末やパソコンですべての取引が解決できれば、ユーザーとして無駄な時間を銀行店舗で費やす必要もありませんし、国内外の決済も携帯端末で行うことでストレスフリーとなります。

令和の時代の始まりは、奇しくも消費税率引き上げに伴う経済対策としてキャッシュレス決済の推進という、時代の切り替わりを示唆するものでした。消費者のアンテナは意外と高く、電子マネーや携帯端末による様々な決済アプリケーションの登録率は、世代を問わず急激に上昇しました。もちろん、電子マネーへのチャージのほかは、決済に紐づいているのは銀行口座ですから、キャッシュレス化が銀行の存在感を消すことはありません。しかし、日々の生活の中で最も身近な存在の１つは決済ですから、キャッシュレス決済はデジタルバンキングの入り口といってもいいと思います。

とかく高齢者はデジタルバンキングになじまないといわれていますが、スマートフォンの使用は幅広い世代に浸透し始めていますから、便利さに触れることで、伝統的な銀行取引からシフトしていくことはさほど難しいことではないと思います。反対に、銀行店舗を訪問するための交通手段が不足している場合や歩行上の困難がある場合などは、よほど好都合になるでしょう。

では、フィンテックと呼ばれるテクノロジー革新がもたらす金融ビジネスの変化は、本当に伝統的な銀行の脅威となるのでしょうか？

高コスト低利便性は生き残れない

すでに、お金が余っている人と借りたい人をマッチングさせて、貸し手にとっては預金より高い金利で貸せて、借り手にとっても銀行より安い金利で借りることができるようなサービスを展開するフィンテック事業者は存在しています。銀行に足を運ぶ必要もなく、365日24時間いつでも人工知能（AI）によるロボアドバイザーのサービスを展開しているところも増えています。送金や振り込みも銀行に高い手数料を払うことなく、国内外ともに完結できるサービスも存在しています。

一方で、銀行は先進的なサービスに取り組む余裕がないところも少なくありません。そればかりか、従来からのビジネス慣行の囚われの身となっている状況です。

事務的な点をいえば、いまだに紙の文化が旺盛で、顧客にとっての面倒さはもちろんのこと、銀行の事務負担も大きいはずです。

ただそれ以上に、通帳制度がどうにかならないかと思います。身近な例で述べれば、ATM機器のコストです。有人・無人を問わず銀行の店舗に設置されているオーソドックスなATMの機械は、通帳に対応しているほか硬貨取り扱いも可能です。銀行の顧客には、通帳を家計簿代わりに使っている人もいるようですし、あったほうが便利かもしれませんが、記帳機能などが付いている機械の値段は高いのです。セブン銀行などコンビニATMを使ったことがある人は多いと思いますが、電子マネーチャージの機能が付いているほか、多言語の対応となっているなどスペックは相当高く、とても便利だと感じます。このコンビニATMは通帳や硬貨の機能が付かないだけで、非常に安いのです。おおよそ1台当たり250万円程度。一般の銀行の機械の半分程度の値段です。メンテナンスコストも比例して安くなります。そればかりでなく、通帳には印紙税もかかりますし、顧客の見えないバックヤードでも通帳に対応した事務機器が必要となります。

古くは新生銀行がビジネス構造改革の一環として通帳を全廃、その後はりそな銀行が通帳を発行しない口座を先行して手掛けたほか、三菱UFJ銀行が新規口座について紙の通帳からデジタル通帳への切り替えをスタートしています。しかし、既存の口座を含め全口座について切り替えない限り、高いコスト構造から脱却はできません。その点、新生銀行などは通帳の扱いが全くありませんので、ハード、ソフトウエアともに身軽です。

通帳も、事務帳票も、店舗も、すべてが既存の銀行の高コスト構造を形成しています。こうしたコスト構造を根底から変えない限りは、厳しい金利環境の中で損益分岐点を下げられないまま自滅する危険性すらあると思います。

逆に大胆なコスト構造改革を行った上で、改善した利益の一部を顧客に還元すれば、理解も得られやすいのではないかと思います。しかし、銀行というのは「顧客の切り捨て」という発想をしてしまいがちなので、本当に追い込まれない限りは多くを期待できません。

フィンテックの影響は相対的に地銀が大きい

詳細は次章で詳しくお話ししたいと思いますが、テクノロジー革新の金融業界への影響は画一的ではないと思います。具体的に述べれば、リテールバンキング中心のビジネスを展開する銀行へのマイナスの影響が大きく、その点で地銀へのインパクトが相対的に大きいと考えます。

本書の冒頭で、銀行不要論は短絡的に過ぎ、銀行の存在意義はテクノロジーに負けずに残ると述べました。しかしそれは、携帯端末でビジネスシーンが変えられない企業金融においてであり、個人ユーザーにとって伝統的銀行が捨てられてしまう可能性を排除しているわけではありません。

海外市場では、消費者向けサービスを得意とするテクノロジー企業が次々に銀行免許を取得しています。プラットフォーマーとしてＧＡＦＡ（Google, Apple, Facebook,

Amazon）と共にＦＡＡＡ（Facebook, Alibaba, Amazon, Alphabet）[11]を構成するアリババ、ＳＮＳ大手のテンセントなどそれぞれ子会社を通じて香港で銀行免許を取得しています。これらのプレーヤーが極めて多数のユーザーを抱えていますから、非金融サービスを起点として、既存の銀行取引を次々と奪っていく可能性が予想されます。

そこで、退場を余儀なくされた銀行の特徴を踏まえながら、どういった意識でフィンテックの時代に挑んでいくべきかを最後に考えたいと思います。

過去の自然淘汰の時代からの教訓

ここまでの３つの大周期からの教訓は、以下の４点に集約できると考えます。

①現実を直視し世の中の流れを見極める

長短分離政策から自由競争へと舵が切られたにもかかわらず、バランスシートを圧縮するどころか逆に不動産・ノンバンク向け貸し出しを増やし、存在感を維持した長期信用銀行の末路は、この時代においてもよい教訓になると思います。貸し出しを増やすことが暗黙の裡に目的化され、カードローンやアパートローンに傾注した第２周期の銀行の姿とも重なるものがあります。

こうした失敗は、「何をなすべきか」ではなく、現在の経営資源をもとに「何ができるか」という発想によって従来型の経営モデルから脱皮できなかったことが原因です。デジタリゼーションによる消費者の金融行動を踏まえずに、従来型の銀行ビジネスに取り組み続けることは、反応速度の鈍さから滅びた（諸説ありますが）恐竜のごとくです。ただ、ビジネスのあり方を大胆に変えるには、早めに決断することはもちろん、経営資源の見直しを早期に行う必要があります。人事政策がこのうちで最も重要です。欧米の金融機関とは異なり、銀行の経営戦略の都合で大規模なリストラはできません。ですので、将来的なビジネス像を描き、採用や人材育成などすべての政策と早急に連動しなければならないことに留意すべきです。

本書後半では、再編を含む選択肢を生き残りの道として示しますが、しっかりとした将来像を描いた上でないと、こうした方法論は意味をなさない点を踏まえるべきだと思います。

②過去からの連続性で将来を見ない

「銀行員の常識は世間の非常識」という言葉があります。りそな危機の際にりそなホールディングス会長に就任した、ＪＲ東日本出身の故細谷英二氏も、この言葉を繰り返し述べられていました。

銀行が午後3時に閉店することを当然の与件としていた銀行従業員に対して、細谷氏は異論を唱え、普通のサービス業として夕刻の営業や休日営業へと変えました。

先に述べた通帳や店舗の件も、そうした過去からの連続性に過ぎません。顧客の多くが便利と考えるサービスは何なのかを出発点として、ゼロベースから銀行のビジネスの態様を考えていく必要があります。最初の教訓でもありましたが、「何ができるか」は過去や現在の機能をベースとしたプロダクトアウト的な発想で、ユーザーの心に刺さらなければ見捨てられてしまいます。

③名目より実質、長期的経済合理性で判断する

株式のクロス取引により表面的な利益の取り繕いを行ったことが、その後の銀行の大きな足かせになったことを学びました。こうした取引には、経済合理性が一切見出されません。しかし、その当時は、他行に比べ減益幅が大きいとか、赤字決算は避けたいなどの名目的な理由から断行されたものです。その時の判断としては、当たり前だったかもしれませんが、経済合理性から外れた決断は、時を経てより大きなマイナスとなって返ってきま

す。

近隣地銀間の過当競争は、貸し出し等の一時的なボリューム確保などの効果はあっても、お互いにとって消耗戦でしかありません。長い目で見た時の、地域にとってのメリットは必ず相応の評価で戻ってきますが、短期的に低金利で集めた貸し出しに恩を感じて長期的な取引に発展する顧客はごくわずかでしょう。

④ミッションを再認識する

以上を総合した4点目が最も重要だと思います。それは、それぞれの銀行が社会的に時代的に求められるミッションを再認識、あるいは再定義すべきだと思います。

AIをはじめとする技術革新で、大失業時代が来るとメディアで話題になった論文があります。オックスフォード大学のカール・フライ、マイケル・オズボーン両氏による「雇用の未来[12]」は、あらゆる産業分野がデジタリゼーション、コンピュタリゼーション、オートメーションの恩恵に浴すると同時に、向こう10〜20年で47%の職種が高い確率で失われるという予想をして、衝撃を与えました。この中には、私がかつて就いていた、銀行の融資係や証券会社のアナリストなども高い消失確率リストに含まれていました。この論文に対しては、疑いの目を向ける研究者も少なくないのですが、今後の地銀業界を考える上で傾聴に値する点も数多くあります。

第一に、第４次産業革命ともいえる足元の技術革新により、着実にトランザクション、つまり機械的な処理が行われている仕事や銀行機能が効率化されるとともに、これに比例して顧客利便性も向上するということがあります。ですから、効率化と顧客利便性向上が図れる部分については、徹底して技術革新を取り込むべきであるということです。これには、ゼロベース、つまり過去の銀行業務にとらわれることなく、顧客が心地よく求めるサービスを受けるための仕組みを考える必要があります。

第二に、この論文でも失われにくい仕事として、洞察力や創造性、そしてコミュニケーションを必要とする職域がリストアップされています。銀行が提供する商品・サービスについても、スマートフォンなどの操作で完結できる取引もあれば、人と人とのコミュニケーションを通じて「行間を読む」能力が発揮されるものもあります。

貸し出しを例に挙げれば、通常の住宅ローンや制度融資（公的機関が返済を直接・間接的に保証する貸し出し）などは、銀行員が洞察力を発揮する必要もほとんどなく、コミュニケーションを通じて得られる付加価値も希薄です。こうした「トランザクション」は、技術革新により価値を失います。

他方で、商品化途上にある画期的アイデアにお金を出す起業家向けの投融資には、洞察

図表1-15：銀行の大周期

第1フェーズ 1988～2003年	● 銀行規制と会計の国際標準化 ● 取引慣行の合理化・適正化	国際標準化の中自然淘汰が進展
第2フェーズ 2004～2018年	● 健全性から収益性へ課題転換 ● 収益機会の限定	存在意義についての疑問が浮上
第3フェーズ 2019～2033年	● 厳しい経営環境の長期化 ● テクノロジー革新からの脅威	持続可能性喪失の危機に直面

出所：筆者作成

力もコミュニケーション能力もフル稼働させる必要があります。経験に基づく肌感覚、人を見極める力など、銀行員としての付加価値を総動員するような取引は、いかなる自然淘汰の波も乗り越えるでしょう。

これらの教訓をもとに、どういった形で持続可能性を確保するかについて、次章以降で具体的に考えていきましょう。

【注】

1　初期段階では、損害の補償であれば貸し手が借り手に対して求めることができるとしました。損害の補償とは、返済遅延時にペナルティを求めることを含みます。わずか1日などの超短期間の貸付を行って、その期間は無利息とします。1日での返済は現実的ではないので、延滞が生じます。そこで、延滞費用を金利代わりに請求するというものです。これをラテン語で「人と人の間」を意味する「インテレッサ」と規定し、金利の正当化を図ったものです。

2　ケニアでは、通信会社であるサファリコムが開発した「Mペサ」という携帯端末による送金システムが主流になっています。利用者はキオスクと呼ばれる代理店にお金を預託して口座を開設、ショートメッセージの仕組みを使って資金をやり取りすることができます。ここには、銀行が介在していません。

3　日米円ドル委員会は1983年に設置され、財政・金融政策から為替相場の安定化に至る幅広い分野についての検討が行われました。その果実である「日米円・ドル委員会報告書」は日本の金融自由化と国際化の下地を作りました。

4　より正確に述べると、「資本直入方式」を採用している企業の場合は、資産減少額に実効税率を掛け合わせたものが資産項目の繰延税金資産に、残りが資本項目にマイナスされます。一方で、資産減少額を損益計算書に反映する方式も選択できます。この場合も、実効税率を差し引いた分だけ当期利益にマイナスに利くので、自己資本への影響は前者と同じになります。

5　銀行は少なくとも年2回貸出等の債権の状況を精査し、5つの債務者区分（破たん先、実質破綻先、破綻懸念先、要注意先、正常先）と4つの債権分類（担保や保証の状況を反映）に振り分けた上で、適切な引き当てを行うことを求められています。

6　注記4を参照

7　2013年に施行。国際統一の自己資本比率規制の厳格化に加え、資金繰りをはじめとする幅広い規制の網がかかり、一部の銀行は資産売却や再編に向かわざるを得なくなりました。

8　三菱UFJ銀行がタイの大手アユタヤ銀行を買収したほか、三井住友フィナンシャルグループによるイギリス大手ロイヤル・バンク・オブ・スコットランドのリース部門の買収など、欧米諸国の銀行が戦線縮小を余儀なくされる中で、日本のメガバンクの積極的な海外戦略展開が注目を集めました。

9　より正確に述べると、信用リスクの算定に銀行が独自にリスク量を計測する「内部格付け手法」を採用している銀行に関しては、メガバンクなどの大手銀行の多くが対応している「国際統一基準」の充足が求められます。この場合、株式などの有価証券の含み損は、自己資本比率を低下させる要因となります。

10　アパート経営に伴う借地権を勘案して相続対象不動産の評価額が減額される一方で、アパートローンの債務残高が控除されることにより、その分相続税が軽減される場合があります。

11　Googleの運営会社。

12　原典名 Carl Benedikt Frey and Michael A. Osborne, "The Future of Employment: How Susceptible are Jobs to Computerisation?," Oxford University Martin School, 2013

第2章

悩み多き地銀

地銀が抱えている悩みとは何でしょう？

低金利による収益力低下、人口減少による顧客基盤縮小、フィンテックなどの時代の要請と他業態からの脅威……。現場の銀行員も含め、多くの方がそう答えると思います。現実的には、これらに「銀行法の呪縛」による資本をめぐる悩みが加わります。

しかし、「悩み」と「危機感」は別次元であることも、私たちは認識しておかなければなりません。悩みがあっても、危機感が十分でなければ、大胆な変革に着手しにくいからです。本章では、この部分を整理していきます。

収益性が低下している点については、当局やメディアからの指摘を待つまでもなく、地銀経営陣や行員が共有する認識だと思います。前章では、最初のフェーズで自然淘汰をされていく銀行を目の当たりにした後に、次の安定期に入り大胆な見直しを行う機運が薄らいだ空気を感じました。それればかりか、財務の健全性が回復した後は収益改善の機会を求め、地銀の本来的なミッションから外れた事業分野に手を染めてしまいました。

これまでのフェーズから得られた教訓で、「何ができるか」という発想からは変化した環境への対応が難しい点を述べましたが、このような経営行動は過去の失敗の繰り返しを招きかねないと思います。つまり、現在銀行の手にある経営資源や機能を起点としていては、プロダクトアウトの発想しか生まれてこないのです。環境変化によるユーザーの価値観の変容に応じたマーケットインの発想を備えなくては、自然淘汰への道を歩むこととなるでしょう。

危機感のレベルが果たしてどの程度に達しているのか、についても疑問があります。それは、現状が銀行の経営危機ではないからです。多額の不良債権が銀行財務の屋台骨を揺るがすような状況であれば、銀行も当局も大慌てで対応に乗り出すでしょう。しかし現在の状況は、赤字を出しても即座に自己資本が不足する、あるいは預金が流出するようなレベルではないからです。これを「ゆでガエル」タイプの危機ということにしましょう。このタイプの危機は何年もの経過とともに、徐々に銀行を追い込んでいきます。

テクノロジーの進歩は、金融取引のデジタリゼーションをもたらし、異業態からの挑戦を受けるに至っています。例えば、私はアマゾン銀行などのプラットフォーマーバンクが日本で産声を上げる可能性を予想しています。そして、こうしたテクノロジーからの挑戦の影響を最も受けやすいのは、リテールビジネスを主力事業にしている地銀です。

これに加えて、古くて新しい問題である「銀行法の呪縛」があります。銀行法は、銀行が株式会社であることを求めています。株主は様々なステークホルダーの中でも最も重視しなければならない１つです。このため、地銀は株主と地域社会との間でジレンマを抱えてしまうことが多いのです。

このような不都合な現実を、より冷静かつ客観的に認識することが、解決の道を探るための前提条件となります。これを看過すれば、前章で見たような淘汰の憂き目に遭うでしょう。

1. 市場は知っている

地銀株はバーゲンセール？

日本の銀行の株価は、低金利の長期化もあり低迷が続いています。個別の株価についてはバラつきがありますので、東京証券取引所全体と銀行のみの動きを映す指数の推移で確認しましょう。

図表2－1は、東証株価指数（全体）と東証株価指数（銀行業）の推移を比較しやすいように、2014年の大発会終値を100とした時の相対チャートで見てみます。

この2つのグラフの動きで明らかなのが、マイナス金利政策が導入された2016年2月に大幅な銀行株価の下落があり、その後も一時的な回復は見せるものの、市場全体の株価との格差は埋まらない状況が続いています。

図表2-1：銀行株価と市場全体の推移

出所：日本取引所グループ、ブルームバーグデータをもとに筆者作成

この5年ちょっとの間に市場全体の株価は40%以上の上昇を遂げていますが、銀行株価については20%近くの下落となっていますので、騰落格差は6割程度、銀行株価の相対的な出来の悪さが確認できます。

金利が下がれば、銀行がお金を取り入れるコストが預金の底打ちで変わらないのに、貸し出しや国債などの運用利回りは低下する一方ですから、株式市場が銀行収益の見通しを悲観視するのも無理はありません。金利環境ばかりではなく、貸し出しへの需要低迷や収益機会の減少など、経営の持続可能性についても疑問視する見方が株価に織り込まれた結果ではないかと思います。

際立つ「超割安」地銀株

なかでも目を引くのは、地銀株の状況です。株式の割安・割高を示す指標の中で、株価純資産倍率が株式を売買する人たちにとって、最もなじみ深いと思いますので、この指標をもとに株式市場内での地銀株の位置付けを検証したいと思います。

株価純資産倍率は、ＰＢＲ（Price to Book value Ratio）とアルファベットで使われるほうが多いと思いますが、株価を１株当たりの純資産で割ったものです。もっと簡単な計算としては、株式時価総額を純資産で割ってもよいと思います。

目安となる水準は１倍で、株価純資産倍率が１倍を下回れば、その会社を廃業させて財産をすべて売却した上で負債を返済した後に残る価値、すなわち清算価値あるいは解散価値を、会社の株式の価値である時価総額が下回っているということを暗示しています。例えば、時価総額10億円で、純資産額20億円であれば、株価純資産倍率は０・５倍（＝10億円÷20億円）となりますので、10億円で全株式を買収して経営権を握った上で、会社の清算を行った場合に10億円の利益を獲得できる計算となります。

この指標の特徴を踏まえて、図表２－２をご覧ください。このランキングは、東京証券取引所をはじめとする全国の証券取引所のいずれかに上場している企業の株式に関して、

2019年12月末時点において株価純資産倍率が低い順に並べたものです。

この図表でも明らかなとおり、地域銀行に対して株式市場の厳しい評価が下されていることがわかります。このランキングに入った50社のうち、なんと37社が地域銀行です。37社の内訳は、20社が全国地方銀行協会（地銀協）に加盟している銀行ないしは傘下銀行が加盟している持ち株会社で、残る17社は第二地方銀行協会（第二地銀協）加盟行ないし、傘下銀行が同協会のみに加盟している持ち株会社です。地銀協加盟行は64行ですので31%がランク入りする一方、第二地銀協38行のうち44%がランク入りしており、地域銀行の中でも割安株の分布に違いが見られます。

さらに、10社以上の地域銀行が0・2倍を割り込んでいる点も、驚きです。

次に図表2－3で、上場地域銀行の株式時価総額と株価純資産倍率との関係を表した分布グラフをご覧いただけます。この図からわかるとおり、時価総額の比較的小ぶりな銀行の株価純資産倍率が低水準に位置しています。

多くの地銀の株価が、解散価値を大幅に割り込んでいる状況は、いったい何を示唆しているのでしょう？

簡単にいえば、投資することの機会損失が大きい、と投資家が考えているということです。投資をしてもその投資の保有分を示す純資産の増え方が、同じ程度のリスクを有する

図表2-2：上場株式の株価純資産倍率の低位ランキング（2019年末）

	会社名	株価	株価純資産倍率	業種	備考
1	(株)千葉興業銀行	387	0.13	地域銀行	地銀協
2	(株)高知銀行	947	0.13	地域銀行	第二
3	(株)宮崎太陽銀行	1,205	0.14	地域銀行	第二
4	(株)栃木銀行	242	0.15	地域銀行	第二
5	(株)東京きらぼしフィナンシャルグループ	1,613	0.16	地域銀行	地銀協
6	(株)じもとホールディングス	112	0.17	地域銀行	第二
7	(株)山梨中央銀行	1,214	0.17	地域銀行	地銀協
8	(株)筑波銀行	241	0.18	地域銀行	地銀協
9	(株)愛知銀行	3,845	0.18	地域銀行	第二
10	(株)三十三フィナンシャルグループ	1,755	0.19	地域銀行	地銀協・第二
11	(株)大光銀行	1,704	0.19	地域銀行	第二
12	(株)南日本銀行	1,095	0.20	地域銀行	第二
13	(株)大東銀行	649	0.20	地域銀行	第二
14	フィデアホールディングス（株）	137	0.20	地域銀行	地銀協
15	GMB（株）	808	0.21	輸送用機器	
16	(株)大分銀行	2,794	0.21	地域銀行	地銀協
17	新東（株）	2,100	0.22	ガラス土石	
18	(株)島根銀行	660	0.22	地域銀行	第二
19	(株)秋田銀行	2,250	0.22	地域銀行	地銀協
20	(株)福島銀行	275	0.22	地域銀行	第二
21	(株)山大	780	0.23	卸売	
22	(株)百十四銀行	2,212	0.23	地域銀行	地銀協
23	(株)北洋銀行	257	0.23	地域銀行	第二
24	東京電力ホールディングス（株）	480	0.23	公益	
25	桂川電機（株）	977	0.24	機械	
26	(株)富山第一銀行	365	0.24	地域銀行	第二
27	(株)ほくほくフィナンシャルグループ	1,162	0.24	地域銀行	地銀協

	会社名	株価	株価純資産倍率	業種	備考
28	日本山村硝子（株）	1,315	0.25	ガラス土石	
29	(株)アーレスティ	580	0.25	非鉄金属	
30	(株)東北銀行	1,039	0.25	地域銀行	地銀協
31	(株)百五銀行	361	0.25	地域銀行	地銀協
32	(株)佐賀銀行	1,820	0.25	地域銀行	地銀協
33	(株)トマト銀行	1,085	0.25	地域銀行	第二
34	(株)北日本銀行	2,160	0.25	地域銀行	第二
35	(株)東和銀行	939	0.26	地域銀行	第二
36	OKK（株）	676	0.26	機械	
37	(株)西日本フィナンシャルホールディングス	878	0.26	地域銀行	地銀協・第二
38	トーイン（株）	488	0.26	その他	
39	(株)岩手銀行	2,945	0.26	地域銀行	地銀協
40	(株)鳥取銀行	1,376	0.26	地域銀行	地銀協
41	(株)池田泉州ホールディングス	218	0.26	地域銀行	地銀協
42	日本ピグメント（株）	2,276	0.27	化学	
43	靜甲（株）	605	0.27	機械	
44	(株)武蔵野銀行	1,964	0.27	地域銀行	地銀協
45	(株)十六銀行	2,640	0.27	地域銀行	地銀協
46	(株)清水銀行	2,145	0.27	地域銀行	地銀協
47	(株)長野銀行	1,666	0.27	地域銀行	第二
48	(株)名古屋銀行	3,420	0.28	地域銀行	第二
49	日和産業（株）	251	0.28	食品	
50	(株)丸八ホールディングス	799	0.28	繊維	

注：備考欄の「地銀協」は全国地方銀行協会加盟銀行、「第二」は第二地方銀行協会、持ち株会社の場合は、傘下銀行の加盟協会を示す
出所：ブルームバーグデータをもとに筆者

図表2-3：地域銀行の株式時価総額と株式純資産倍率の分布

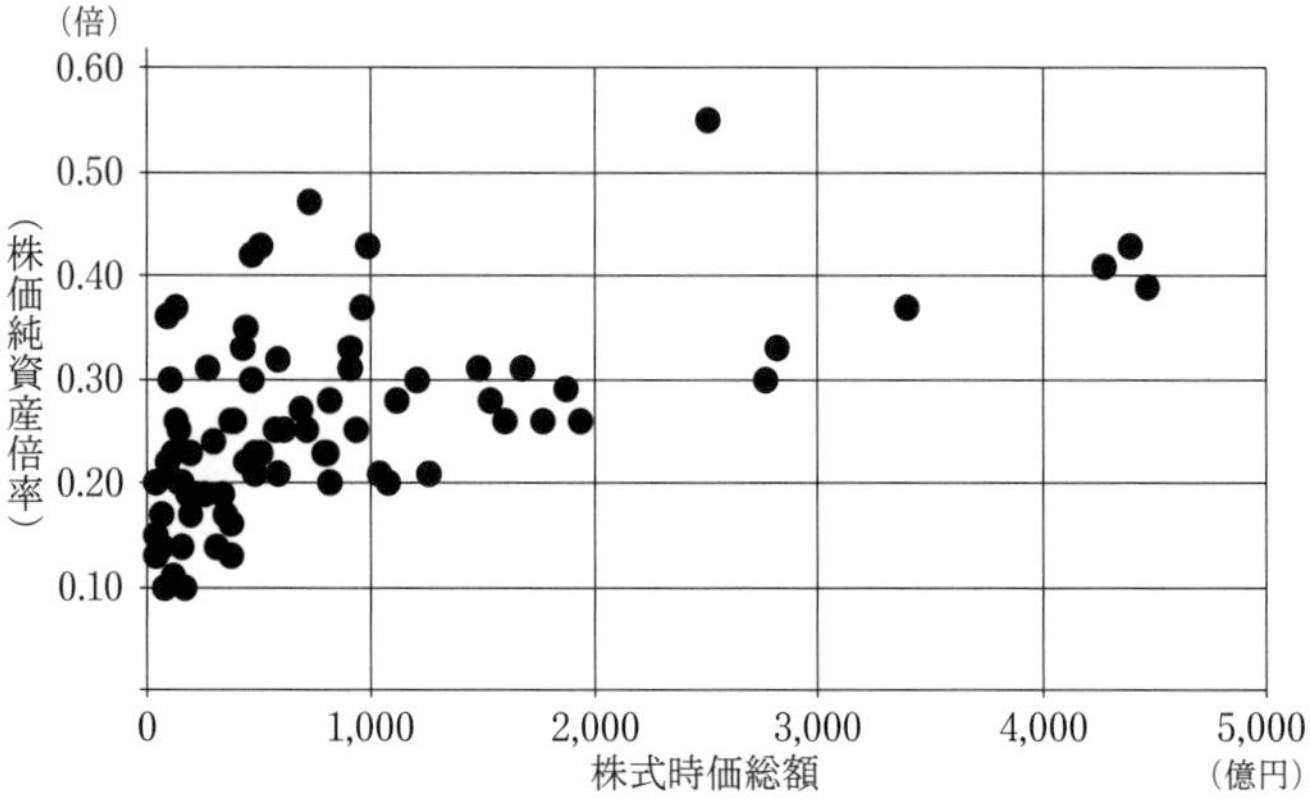

注：2019年12月末時点
出所：Bloombergデータに基づき筆者作成

他の資産（株式でも債券でも構いません）を大幅に下回る、あるいは減少の可能性すらあると考えれば、こうした株価の状況となってもおかしくはありません。

つまり、地銀のビジネスや存在意義について、持続可能性を心配しているといってもよいでしょう。こうした将来展望は、株式市場ばかりではなく監督当局である金融庁も懸念を共有化しています。

金融庁は心配している

金融庁は地銀の2019年3月期決算を踏まえ、貸し出しや預金、手数料などの顧客向けサービス業務の利益の状況が連続で赤字となっている銀行が約4割強（105行中45行）となっているほか、5期以上連続で赤字に瀕している銀行数は27行に上るという指摘をしています。

当局としては、地域経済を支える地銀の財務健全性が重要であるという認識と共に、一部の銀行の経営悪化や破たんが金融システム全体への不安につながる危険性を感じているはずです。

その懸念が表れているのが、2019年度における「早期警戒制度」の見直しです（図表2－4参照）。銀行の存続に直結する監督上の制度に「早期是正措置」があることは前章で紹介しましたが、この制度では、銀行が弱り切った状況で行政上の措置を施すという、いわば後手に回った対応に陥るなど限界があります。そこで、2002年に導入したのが、早期警戒制度です。この制度の狙いは、経営状態の悪化につながる予兆をとらえることで、経営改善を促す業務改善命令などの行政措置を、早めに銀行に対して発動することができます。

従来の同制度の運用では、収益などのフロー面よりは自己資本に悪影響をもたらす資産の状況などのストック面に重きが置かれていました。しかし、今回の見直しで、「地域金融機関の持続可能な収益性や将来にわたる健全性に着目したモニタリングを行い、持続可能なビジネスモデルの構築に向けた早め早めの経営改善を促していく」という文言が謳わ

図表2-4：金融庁による早期警戒措置見直しの概要図

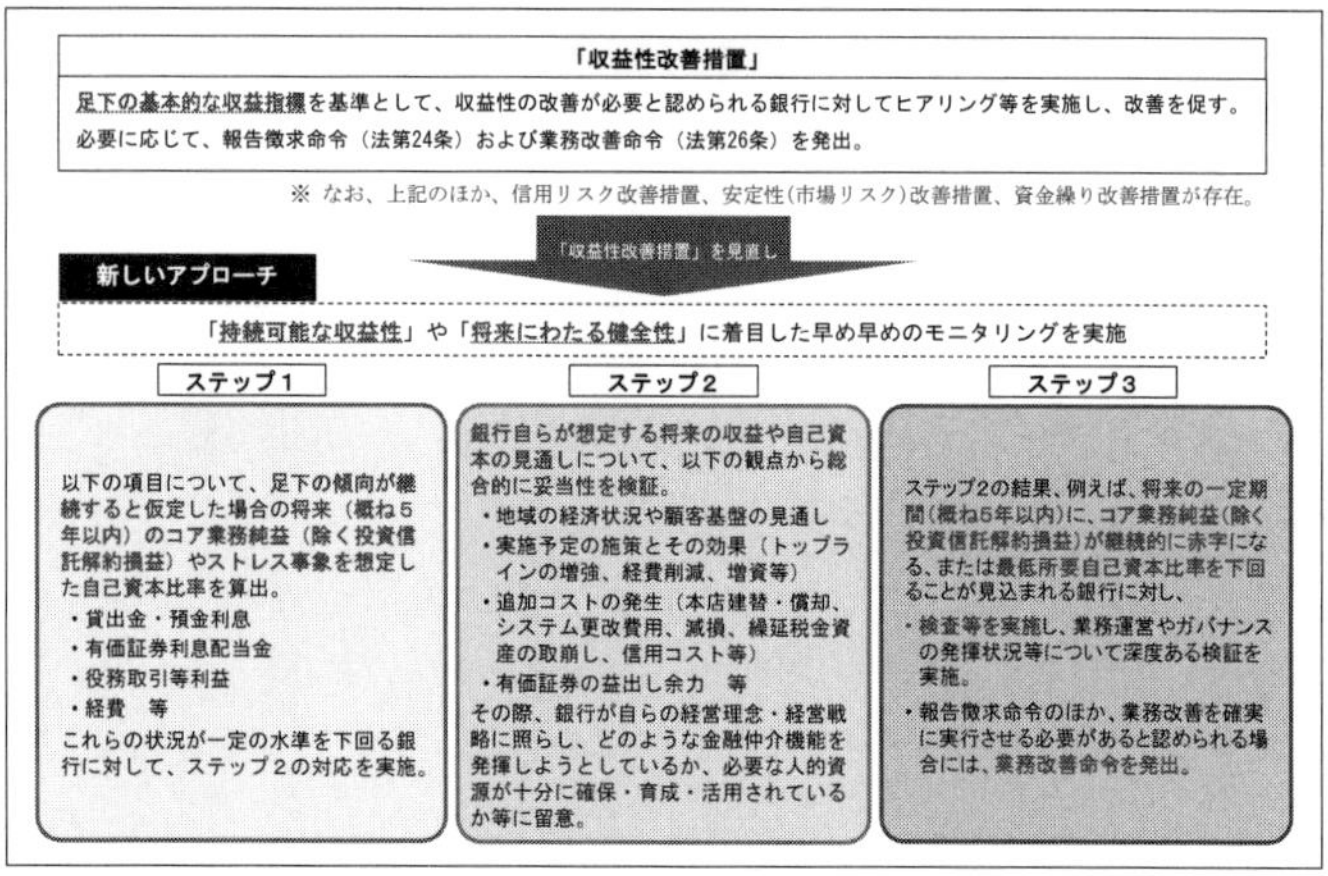

出所：金融庁「利用者を中心とした新時代の金融サービス～金融行政のこれまでの実践と今後の方針～（令和元事務年度）」図表Ⅱ-3-(3)-10

れています。

　ですから、有価証券投資にかかわる損益など一過性の収益ではなく、顧客向けサービス業務という業績の柱をなすような収益に注目するのは当然です。

　金融庁はこの中で、金融庁担当者の先入観に基づく対話や指導を行わないようにと慎重な配慮を見せながらも、「金融機関自らの経営理念・経営戦略に照らし、どのような金融仲介機能を発揮しようとしているかなどを踏まえ、将来の収益・費用の見通しが盛り込まれた経営計画等がその考え方と整合的になっているか」などを検証するということです。

免許を与えている立場から、銀行の業務状況をモニタリングするのは当然ですが、基本的に民間企業ですので、経営戦略もその結果責任も経営者が背負うわけで、結果が出る前の段階で戦略やその実効性に当局が口出しすべきではないという批判もあります。私も、民間でのビジネスを成功させるための経営者以上の知見を、役人が持ち合わせているとは思いません。しかし、弱体化している銀行を傍観するほうが監督者としては無責任だと思います。

市場も監督当局も「ゆでガエル」型の破綻を心配してのことなのでしょう。

ゆでガエルの行く末

金融庁についての説明で登場した早期是正措置や従来型の早期警戒制度は、銀行のバランスシートの傷みに由来する経営危機に対処するものです。これに対して、見直し後の早期警戒制度が対応するのが、損益計算書に表れる収益性の劣化に由来する忍び寄る危機、つまり「ゆでガエル」型の経営危機です。

他の金融機関との再編や事業の換骨奪胎的リストラは、経営者にとって大変に負荷のかかることです。地銀経営者の周りには、大勢の利害関係者が存在します。株主、顧客、従業員、地方公共団体、地元経済団体、監督当局などは、読者の皆さんも想像がつくでしょうが、これに過去の銀行役員や地元有力者などとの関係も無視できません。このため、大きな方針転換には摩擦も生じやすいでしょうし、日常的な職務に加えて想像を絶するストレスがかかります。

このため、経営統合が過去において最も多かったのは、金融危機の際です。つまり、バランスシート由来の緊急的な危機が発生して、ようやくお尻に火が付くイメージなのです。

しかし、他府県への進出と低金利貸し出し攻勢でボリュームを確保する、有価証券投資でリスクを取って表面上の利益を稼ぐ、顧客の利益に必ずしもつながらないローンを推進する、など近視眼的な弥縫策でしのいでいる印象しかありません。

言葉は悪いですが、カエルが浸かっている風呂に若干の冷水を注ぎ湯あたりするのを防いでいるばかりで、風呂から出て持続可能な姿を取り戻せていないのが私の観察するところです。

立て直せればチャンス

超割安な株価の状況は、実は大きなチャンスを暗示しています。生き馬の目を抜く資本市場ですから、あらゆる情報に基づき価格が形成されており、「バーゲンセール」といっても、市場の誤解や過小評価による株価のミスプライシング（誤った値付け）とは言えないでしょう。株価純資産倍率が市場の中で最低レベルであるということは、こうした地銀に対する市場の期待も最低だということです。つまり、現在の地銀の経営陣の意識や決断力では、市場の悲観的な見通しを変えられないだろうという前提が、このような株価形成に働いているのです。

反対に、市場が想定していないような再編や大改革を行えば、株価の風景を変えることは十分可能です。もちろん、中からの経営改革であっても、外からの力が働いた結果であっても、市場は「サプライズ」と認識して株価評価は大きな変化を見せるでしょう。

割安な株価の状況は、地銀に変革の息吹を送り込むことで付加価値を創出しようと企図する外部者にとっても大きなチャンスです。具体的には、SBIホールディングスによる第4のメガバンク構想を含め、地方創生などを目的としたファンドやプラットフォームに、多くの地銀を招き入れるプロジェクトです。割安感の強い投資対象であるため、万が

一、経営変革が不調に終わった場合でも、投資損失は抑えられます。一方で成功した場合は、大きな「伸びしろ」が存在しているのです。さらに蛇足ではありますが、シンプルな経営統合であっても、純資産と株式時価総額の格差がこれだけあれば、負ののれんが発生するなど会計上も阻害要因よりメリットの方が大きいと思います。

しかし肝要なのは、再編を伴うか独立路線かではなく、あくまでも持続可能性を担保するための改革ができるかにかかっています。再編はそのサポートに過ぎません。ゆでガエル状態を抜け出せば、目の前の風景は一変するはずです。この点は、次章で詳しく見ていくことにしましょう。

2．銀行はディスラプターの餌食となるのか

銀行という概念がなくなる？

地銀に限らず銀行株全体が低調であることはすでに述べましたが、金利環境ばかりでなく他の業界からの攻勢による伝統的銀行業の衰退の見通しも背景にあると思います。

やや荒唐無稽な発想かもしれませんが、私は銀行法という法律が多くの国からなくな

り、銀行あるいは預金取扱い金融機関という概念が消え去る時代が来る可能性があると思っています。銀行機能の付加価値は失われないと冒頭で述べたことと矛盾すると思われるでしょうが、その付加価値の表れ方が変わるだけで、コンセプトが変わる可能性のことを意味しています。

簡単な例として、キャッシュレス決済の話から始めましょう。

２０１９年10月の消費税率引き上げに合わせて、キャッシュレス決済促進のためのポイント還元政策が導入されました。この効果もあり、スマホ決済をはじめキャッシュレス決済が幅広い世代で活発化しているようです。キャッシュレス決済には、クレジットカードを代表格とする後払い方式と交通系電子マネーなど先払い方式があります。厳密には、電子マネーの中でもクイックペイなどの後払い方式（ポストペイ）についてはチャージ不要で、利用代金はクレジットカード利用代金とともに請求されます。

ところで、チャージを行う先払い方式の電子マネーを、預金口座代わりの感覚で利用された方も多いかと思います。今のように預金金利がゼロに近い状況では、銀行口座からリアルタイムに引き落とされるデビットカードと電子マネーの差がほとんどないのが現実です。

しかし、両者を隔てる法律の壁は厚いのです。預金は、銀行法をはじめとする預金取扱い金融機関の根拠法令に基づき運営されていますが、前払い方式の電子マネーは「資金決済に関する法律（資金決済法）」に仕切られています。[1]

本書冒頭で取り上げたＳｕｉｃａの例を思い出してください。ＪＲなどの電子マネー運営事業者は、この資金決済法に基づき、チャージされた金額の半分を供託（預託）する必要があります。ＪＲがチャージにより１００億円を受け取っても、その半分の50億円は自由に使えないことになります。なお、供託義務が課せられているのは、現金を受け取った業者が経営不振により預かったお金が使えなくなってしまうなどのリスクに配慮し消費者保護の観点から要請されているので、この供託金を銀行による保証で実質的な肩代わりをしてもらうことも可能です。具体的には、当該事業者が発行保証金保全契約を銀行と結び、供託金相当額を保証してもらうものです（同法15条）[2]。しかしこれには、銀行保証料の支払いが必要となるため、実質的には銀行からお金を借り入れて供託金を捻出することと経済的な効果は同じです。金利で払うか保証料で払うかの差に過ぎません。ですから、本質的に電子マネー運営事業者が受け取ったチャージ資金の活用に大きな足かせがあることは確かです。

この法律が改正され、預託率が現在の50％から、銀行の預金準備率と同等の１％程度となる場合は、電子マネー事業者は銀行預金とほぼ同等の機能を備えることができます。この場合、預金保険制度の対象外となりますが、こうした法改正に伴って利用者保護の議論が必ず出てきますので、チャージされたお金を保護する制度設計が設けられる可能性が高いでしょう。預金取り扱いが銀行業務の特権中の特権であることを考えれば、銀行の概念が薄まり、銀行法などの法体系も抜本的な見直しがされると思います。

「銀行による産業支配」から「産業による銀行支配」へ？

銀行は株式保有に制限が課せられています。日本では「5%ルール」が存在しており、一般事業会社が発行する株式の5%まで、銀行持ち株会社による合計で15%までしか株式を保有することができません。この規制の本質は、価格変動の高い資産を銀行が抱えるリスクと、銀行が本分を忘れて金融以外の事業に手を出すことによって健全性が損なわれることがないように配慮したことが理由の一つとして挙げられます。しかしそれ以上に、独占禁止法の考え方に基づき、銀行による産業支配を防ぐことが大きな要因となっています。ですから、銀行はグループ経営の一環として金融以外のビジネスを手掛けることができない仕組みとなっています。

この一方で、一般事業会社が銀行をグループに抱え込むことは可能です。ソニーが銀行や保険会社を設立、セブン＆アイ・ホールディングスがセブン銀行を発足させていることからもわかると思います。実は、この点が日本の法規制の特殊性なのです。

アメリカでは、銀行が一般事業会社の株式を保有することは日本と同様に規制されていますが、一般事業会社も銀行の株式を保有することについて厳しく規制されているのです。具体的には、事業会社が銀行の議決権付き株式を10％以上保有する前に監督当局による承認が必要となるほか、25％超を保有する段階で、その会社は銀行持ち株会社（ＢＨＣ）[3]として銀行規制が一元的に求められることになります。このため、銀行持ち株会社として指定されたとたん、これまでのビジネスから手を引かざるを得なくなります。[4]ソニー銀行設立とともにソニーは電化製品製造から撤退し、セブン＆アイ・ホールディングスは小売り事業をやめてしまうことなどは考えられないでしょう。

実は、この議論はかつてアメリカでもありました。１９９１年のレーガン政権下で財務長官を務めたニコラス・ブレイディ氏は、多様事業体持ち株会社（ＤＨＣ）[5]という考え方を提唱しました。銀行も銀行以外の事業体も、様々なビジネスを手掛けることにより、経済の活性化を発想の原点としたものです。ＤＨＣ構想が制度化されれば、１つの持ち株会社のもとで、銀行を含む金融ビジネスと製造業やサービス業を含む様々な産業を傘下に置くことが可能となります。

これがグローバル・スタンダードとなれば、日本における規制のアンバランス――銀行はコンビニを経営できないがコンビニは銀行を経営できるという非対称性――が再考されることになるのではと思います。これが進展すれば、銀行という業態の特殊性も薄まることになるでしょう。

コロナ禍がディスラプション行政を加速か

現状では、アマゾンやグーグルが自身や影響力を行使できる子会社を通じての銀行業参入が、アメリカでは難しい状況です。しかし、新型コロナウイルスに対応した経済対策の中で、異業種による銀行参入に関して寛容な姿勢への転換を感じさせる動きもありました。

アメリカにおいては、「新型コロナウイルス経済対策法」（ＣＡＲＥＳ法＝The Coronavirus Aid, Relief, and Economic Security Act）が２０２０年3月に成立し、その枠組みの中で「中小企業救済プログラム」（ＰＰＰ＝Paycheck Protection Program）に基づく中小零細企業向けの救済ローンが３５００億ドル規模で設けられました。

このプログラムでは、銀行が資金繰りに苦しむ企業のための特別ローン供給の担い手に当然なるのですが、実はフィンテック企業という位置付けをされている異業種が参加を認められ、企業支援に名乗りを上げたのです。

このうち2社は日本でもなじみがあり、決済を主戦場とするスクエアとペイパルです。これに、税務会計クラウドサービス大手のインテューイットの参加が認められました。この中でも、スクエアは銀行付随業務である決済を事業とすることを踏まえて、ユタ州において銀行免許を取得することになりました。

すでに説明しましたが、アメリカは日本とは違い、セブン銀行や楽天銀行など一般事業会社が実質的に支配力有する銀行の認可ができません。自由主義に対する理解と対応が行き届いたアメリカですが、こと銀行免許に関してはハードルが高いのが現状です。しかし、緊急事態とはいえ今回のように異業種に銀行が担うべき資金繰り支援を任せることは、その貢献を将来的に評価し、銀行監督の枠組みを大胆に見直すきっかけを作る可能性があります。

こうした事業体が把握する商流情報、つまり人々が取引するモノの流れに関する情報が持つ付加価値は大きいものがあります。銀行が与信審査等に利用する定量情報といえば財務情報が主ですが、残念ながら中小零細事業者の財務情報についてはすべてが信頼性の高いものばかりとは限りません。10年以上前、大手行と地銀もこぞって財務情報などに依拠した「スコアリングモデル」に基づく中小零細企業向けの「スモールビジネスローン」に取り組みました。しかし、ふたを開けてみると想像以上の貸し倒れの増加を来し、モデルの信頼性以前にデータそのものの妥当性にも疑問符がつくこととなりました。Ｅコマースや決済サービスを行う非銀行のプレーヤーは、財務情報よりもモノとこれに付随するお金の流れをつかんでいます。このため、借り手が開示する情報以上に客観性の高いデータの蓄積を獲得するに至っています。

なお、このアメリカの中小零細企業向け支援プログラムの所管は、銀行を所管する連邦準備理事会や各州の銀行当局ではなく、ＳＢＡ（中小企業庁）であることもあり、即座にフィンテック企業など異業種による銀行業参入への道を開く示唆にはなりませんが、緊急事態における非銀行プレーヤーの目覚ましい活躍が耳目を集めることとなれば、銀行行政に向く風の流れも変わるかもしれません。

フィンテック企業によるディスラプション（イノベーションを通じた伝統的ビジネスの創造的破壊）はここ数年来語られてきたことではありますが、新型コロナという奇禍を奇貨として、本格的ディスラプションが制度的にも社会的にも進められる可能性は無視できないのです。

特に、アメリカ以上に現下の規制で異業種による銀行参入が可能な日本では、ディスラプションがアメリカに先行して進む可能性は否定できません。

以上のとおり、アメリカ国内でアマゾン・ドット・コム社がアマゾン銀行を設立することも、本体で銀行免許を取得することも不可能な状況ですが、日本においては理論的に可能です。

日本初のGAFAバンク

日本では、銀行議決権の20%以上を保有する株主は、銀行法に基づき「銀行主要株主」とされます。[6] これがいわゆる主要株主規制です。事業会社による銀行設立や20%以上の株式取得には、法令上、内閣総理大臣（実務的には金融庁長官）の認可が求められます。その上で、主要株主となった後も経営管理などの責任を求められますが、銀行持ち株会社には該当しないので銀行業務以外の業務を引き続き執り行うことができます。これが、セブン銀行、ソニー銀行、楽天銀行などが次々に誕生した背景です。

そこで、GAFAなどグローバルで覇権を握るプラットフォーマーと呼ばれる事業体が、日本で銀行ビジネスを立ち上げる状況を想像しましょう。

２０××年×月、金融庁は銀行免許をアマゾン銀行に与えます。アマゾンはすでに「アマゾン・レンディング」を通じて、出店者に貸し出しを行ってきましたが、伝統的な銀行に比べれば小規模です。要因の一つは、預金を集められないからで、預金取扱業務が可能となればより広く貸し出しビジネスを展開していくことができます。また、出店者ばかりでなく、アマゾン・ユーザーに対しても広く貸し出しを行うことができます。

ユーザーたちは、シームレスでストレスフリーなサービスにドップリ浸かり、給与振込口座や年金受取口座をアマゾン銀行に変更し、アマゾン・ドット・コムでの物品・サービスの購入資金の借入ばかりでなく、住宅ローンも分譲業者からの紹介ではなくアマゾン銀行から借りるようになります。また、出店業者もアマゾン銀行からの借入だけではなく、送金などの決済コストが安く店舗への入金も必要ない利便性に惹かれ、メインバンクにする会社の裾野が広がっていきます。

このようにアマゾン銀行は、アマゾン・ドット・コムのヘビーユーザーを中心に支持を集め、先行する楽天銀行やＬＩＮＥ銀行を抑えたばかりか、口座獲得数はメガバンクの顧客数に匹敵する水準に迫る勢いとなります。しかも、多くの銀行が「使われない」口座を荷物として抱えているのに対し、アクティブに動く口座が大多数を占めることとなります。

顧客基盤の拡大により、アマゾン銀行は一般的な銀行が行っているすべての業務を行う「フルバンキング」へと動くのでしょうか？　私は、大企業取引やプロジェクトファイナンスなどのホールセール・ビジネスには向かわず、個人ユーザーの満足度、すなわちUX《ユーザー・エクスペリエンス》を高める「UXエンハンサー」としてのビジネス・ミッションから逸脱することはないと思います。ですから、現在私たちが行っている「リテールバンキング」と「ホールセールバンキング」という区分ではなく、UXエンハンスメント・バンキングに徹するということです。

この点が、既存の銀行とアマゾンの発想の違いです。当然ですが、銀行はバンキング・サービスを提供するミッションを抱えています。つまり、宿命的に「プロダクトアウト」のマインドフレームから抜け出しにくい業種ともいえます。しかしアマゾンは、UX向上の一環として、たまたま金融サービスの提供が必要となったという位置付けをするでしょう。

さて、このような大胆な想定の中で、伝統的な銀行はどうなっているでしょう？

大企業取引やインフラ事業をはじめとする大型の資金ニーズに対応してきた大手銀行は、経営資源の再配分を行いリテールバンキングからホールセールバンキングへの傾斜を強めるでしょう。もしも、これまでの個人預金の資金吸収基盤が、アマゾン銀行の躍進により弱体化された場合は、アマゾン銀行から余剰資金を取り込むか、証券化等によりプロジェクトに振り向ける資金を手当てするための投資信託などを組成してアマゾンのプラットフォーム経由で販売するのもあろうかと思います。

一方で、個人や中小企業を顧客基盤の中心とする地銀は、より大きな脅威をアマゾン銀行から受けます。テクノロジー革新を武器とする新規参入者などが従来主役となっていたプレーヤーの役割を奪ってしまうことをディスラプション、これをもたらすプレーヤーをディスラプターと呼びますが、まさにアマゾン銀行は地銀にとってのディスラプターとなるわけです。

銀行不要論ブーム

次に、以上のようなフィクションがノンフィクションとなるかどうかについて考えてみましょう。

今から30年くらい前、「商社冬の時代」という言葉が流行りました。高度経済成長の過程で、海外への架け橋として貿易や海外進出の黒子の役割を果たしてきたのが商社ですが、企業の海外進出が進み、商社に中間マージンを取られることなく直接販売する体制が整う時代が到来します。商社をはじめとする中間業者不要論の高まりです。

この時、仲介事業者としての本来のミッションを忘れ、財テクと呼ばれる金融市場や不動産での投機で利益を稼ぐ商社も姿を見せ、結果としては多額の不良資産や損失を抱えて、退場や他企業による救済に身を委ねる商社も出てきました。他方で、その他の商社は専門性を磨くとともに、資源開発などへの経営戦略展開を進め、見事に存在意義を確保し現在の地位を築いています。

この状況にオーバーラップするのが、現在の銀行業界です。本書冒頭でも触れましたが、銀行不要論や銀行員大量失業時代をはやす書籍が目立つ昨今です。低金利や貸し出しニーズの低下など厳しい収益環境に加え、人口減少やテクノロジー進展などの構造的問題に直面していることは確かです。しかし、本当に銀行が必要ない時代がやってくるのでしょうか？

銀行が不要となるのではなく不要となる銀行が出てくる

私は、商社が冬の時代を乗り切ったように、銀行が不要論を跳ね返すことは十分に可能だと思います。第1章において、15年周期でやってくる時代の変化を論じたのは、このためです。第1期自然淘汰の時期における長期信用銀行の選択と、商社冬の時代における一部の商社の選択は重なります。本業における収益環境の厳しさを、自らの社会的意義や付加価値の再定義もせずに、手掛けやすいビジネスに収益機会を見出した銀行や商社は実質的な退場を迫られました。しかし、環境変化に適応して、適者生存を勝ち取ったプレーヤーは存在してきたのです。

　ここで改めて、銀行の社会的意義や付加価値について整理しましょう。社会的存在意義であり、かつ利益の源泉たる付加価値を有する代表的な銀行機能は、情報生産機能、リスク負担機能、流動性転換機能の3つです[7]。

　情報生産機能とリスク負担機能とは表裏一体で、銀行が借り手の情報について調査・分析を行うことで「情報を生産」し、その情報をもとに貸し出しを行う、すなわち預金者にリスクを負わせることなく銀行が「リスクを負担」する役割を指しています。

　流動性転換機能とは、預金者からお金を取り込んでそれを借り手に貸し出すという一連の流れの間に銀行が介在することにより、預金者には必要な時にお金を引き出すことができる利便性を与える一方で、借り手には満期までお金を返さなくていい安心を与える役割です。お金を貸し借りすると、民法で定められる「期限の利益」により、借り手は一部の

図表2-5：アメリカ発世界で活躍する主なフィンテック企業

機能	会社名	創業年	内容
決済	ペイパル	1998	個人、個人授業主、企業向けのオンライン決済サービス提供。メールアドレスを通じた送金が行えるのが特徴。
	ストライプ	2011	多くのカードブランドに対応したクレジットカード決済サービス。ペイパルなどと競合。同一画面で決済可能な利便性。
	ヴェンモー	2009	割り勘や個人間送金をスマートフォン通じて簡単に行う決済サービス提供。ペイパルに買収。
	プラスティック	2014	最大8枚クレジットカードを集約できるカードデバイス。紛失防止機能を搭載。
	スクエア	2009	ツイッター創業者が開発。廉価なカードリーダーをスマートフォンにセットするだけでクレジット決済が可能に。翌日入金サービス。
	カードリティックス	2008	キャッシュバックや割引クーポンの自動発行などのサービス提供。クレジットカード購入履歴からカード明細書に広告掲載サービスも。
ローン	レンディング・クラブ	2007	貸し手（個人）と借り手（中小企業・個人）のソーシャルレンディング。高利運用と低利調達のマッチング。
	カバッジ	2009	中小企業向け無担保・無保証のローン提供。SNSデータなどから与信判断。
	ゼスト・ファイナンス	2009	ビッグデータ活用の消費者金融。AIによる機械学習を用いた信用スコアリング。
資産管理	ベターメント	2008	AIによる最適ポートフォリオ提案のロボアドバイザー。ユーザーはオンラインで照会。
	シンプル	2009	PFM（個人財務管理）機能を持ったオンラインバンキング提供。ほとんどが手数料無料。預金目標など資産管理が可能。
	ミニガ	2009	銀行・証券・保険などの口座を一括管理するPFMサービス。17か国に展開。
	ミント	2006	無料のPFMサービス。銀行や証券の口座管理を一括で行い、決済カードの明細一元管理。

出所：『フィンテック　金融維新へ』（アクセンチュア株式会社著）、各社資料に基づき筆者作成

例外を除いて元金の返済を契約上の期限まで支払う必要がないように守られています。ですから、預金者が銀行を通さずに借り手に直接お金を貸せば、緊急にお金が必要になっても、中途で返済を迫ることができません。

こうした銀行の役割を踏まえて、現状のフィンテック企業のビジネス展開について見てみましょう。図表２－５は、フィンテック激戦区であるアメリカで起業され、日本を含む世界の多数の国で展開する主だった企業をリストアップしたものです。

ご覧のとおり、決済サービスのカテゴリーの企業は数の多さばかりでなく、ペイパルやスクエアなど日本でもなじみのあるところが多いことがわかります。資産管理サービスについては、ＡＩを活用したロボットアドバイザーによる効率的で低コストの資産運用支援のビジネスが目立ちます。そして、銀行が最も競合すると予想されるローンの分野に関しては、貸し手と借り手のマッチングサービスを提供する事業や、ＡＩを活用したビッグデータ解析による少額のローン提供があります。

そもそもフィンテックと呼ばれる、革新的テクノロジーを擁したプレーヤーの金融ビジネスは、「決済」「ＰＦＭ」「ファンディング」の3つに大別され、収益的に最大なものは決済分野と言われています。これに次ぐのがＰＦＭ（Personal Financial Management、個人財務管理）で、家計簿機能から資産運用までをカバーするサービスで、日本ではマネーフォワードやマネーツリーなどが存在感を見せています。続いてファンディングですが、アメリカのレンディング・クラブのように借り手と貸し手を引き合わせるサービスも含め、広い意味でのクラウドファンディングが一つです。これに、ヒトをほとんど介さずにＡＩにより短時間で無担保ローンを提供する直接融資型が加わります。

こうした説明と、先の銀行の抱える機能を比べてみましょう。決済については、決済機能提供者の先にあるのはクレジットカードや一部電子マネーで、そのさらに先に存在しているのは銀行口座です。本書冒頭でアフリカにおける銀行を介在させない携帯端末による資金移動の話をしましたが、これはもともと銀行口座を持てない人たちの存在があるからです。日本では、ほとんどの人が銀行口座を有しているわけですから、フィンテックによる決済が銀行を駆逐する理由にはならないでしょう。

次に、ＰＦＭについてです。この分野は、現状のところ銀行が競争相手としてではなく、パートナーとして連携している相手がほとんどです。マネーフォワードは地銀・大手銀行を問わず多くの銀行のオープンＡＰＩ[8]を通じて相互の顧客利便性向上を図っています。ただ、ウエルスナビなどのＰＦＭ事業者は、安価な手数料での金融商品の販売を行うなどの点で、銀行との競合が発生しています。つまり、投資信託販売などでの商売敵となります。

しかし、銀行の全体的な業務の中で、最も気になるのは、貸し出しビジネスでの競合でしょう。銀行以外のフィンテック企業については、既にビジネスが軌道に乗っている、あるいは、苦戦しながらも業歴を伸ばしているところが先ほどの図表にも名前が挙げられていますが、その実、既存銀行を脅かすほどではありません。レンディング・クラブなどはずっと赤字が続いている状況です。

それればかりではありません。先ほど触れたアマゾン・レンディングも同様です。これは、アマゾン・ドット・コムのマーケットプレイスに参加している事業者を対象とする貸し出しで、1000ドルから75万ドルまでのローンです。審査は、マーケットプレイスでの事業実績や評価などに基づいて行われ、貸し出し実行までの期間も3～5営業日と短いのが特徴です。

返済はアカウントを通じて引き落とされます。銀行の審査は決算書などの財務諸表に依存する傾向がありますが、アマゾンは出店者の実際の取引の流れを観察できるので、取引の実態を把握してお金を貸せるメリットを活かしているのです。

しかし、アマゾンが現状のビジネスモデルの延長線上で貸し出しを行うことには限界があります。アマゾン・レンディングの残高は公表されていませんが、アメリカ証券取引委員会向けファイリングのデータから推察するに1兆円に届くかどうかというレベルで、信用金庫の上位にすら食い込むことはできない水準に過ぎません。加えて、アマゾンの連結総資産は2019年9月末で約21兆円（1990億ドル）で、このうちキャッシュポジションは約3・5兆円（317億ドル）に過ぎません。このため、貸し出しを新たなビジネスの柱に据えるには、銀行からの借入や不安定な市場調達に頼らざるを得ないのです。

以上を総合すると、銀行の主要機能を補完するビジネスを展開するフィンテック企業が、銀行の脅威となるとは程遠い状況です。したがって私の意見としては、銀行免許を持たないフィンテック企業やプラットフォーマーによるディスラプションは限定的であるということ、しかしアマゾン銀行のようにUXエンハンサーが銀行免許を持つと銀行業界の光景がガラッと変わる可能性があるということです。

その意味でも、地銀は自らのミッションや付加価値を再認識しながら、長期的な地殻変動に備える必要があると思います。

3．八方美人から八方ふさがりへ

銀行法はつらいよ

最後に、一般の人々には知られていない地銀の悩みを紹介しましょう。

どこの国でも、預金を扱う銀行や中小機関は、政府か中央銀行による許認可が求められます。同時に、許認可を与えた監督者には銀行等の生殺与奪ともいえる強い監督権限が与えられています。預金は経済にお金を行きわたらせる信用創造の原動力であり、また預金を通じて銀行等が決済インフラを担っていることからも当然といえます。こと銀行に関しては、許認可や監督などの大本となっている銀行法により「株式会社」であることを求めている点は重要です。[9]

ですから、銀行は国などから公共性・公益性を求められる一方で、株主から私益性に向けた規律付けがされているのです。例えば、地域経済活性化のために儲からないプロジェクトへの資金拠出を求められたとしましょう。公益性から考えれば受けるべきでしょうが、私益性の観点からは言語道断な話になるかもしれません。これが、銀行が構造的に抱えるジレンマです。

国もそんなことは理解しているはずですし、だからこそ信用金庫などの協同組織がコミュニティの出資者などにより運営されているわけです。しかし、多額の資金を円滑に経済に供給するためには盤石な自己資本が必要で、そのためには株式市場から資本を受けることが求められます。また、国や中央銀行だけではなく、株主からも経営陣を監視させる「市場規律」を期待した部分もあると思います。

こうした背景があって、時として国や地域、株主などの銀行のステークホルダー（利害関係者）間の緊張関係が生じてしまうのです。特にこの点も、大手銀行より地域社会・経済を支える地銀にとっては、より深刻な悩みとなります。

コーポレートガバナンス・コードとＥＳＧ

地銀を含めた上場企業には、株主の利益に対する意識を高めなければならない方向に向かわざるを得ない風が吹いています。政府は、経営監視向上と株主利益重視によりわが国企業の価値を高め、海外からの投資を呼び込むことなどを狙いとして、コーポレートガバナンス強化の方針を打ち出しました。これに呼応し、上場会社が守るべき行動規範として

「コーポレートガバナンス・コード」が2015年3月に金融庁と東京証券取引所の取りまとめで出来上がりました。

その構成は、第1章「株主の権利・平等性の確保」、第2章「株主以外のステークホルダーとの適切な協働」、第3章「適切な情報開示と透明性の確保」、第4章「取締役会等の責務」、第5章「株主との対話」となっています。2番目で株主以外のステークホルダーという配慮もされ、近年意識が高まっているＥＳＧ[10]（環境、社会、統治）問題への総合的な対応を求めていることも確かですが、あくまでも視線の先にあるのは株主であることはおわかり頂けると思います。

ここで、地銀のステークホルダーがどういった利害関係の対立や緊張に陥りやすいのか図示しておきます（図表2－6）。

なかでも、対立が生じやすいのが株主とそのほかのステークホルダーの間です。顧客と株主とのバランスの中で株主利益への偏重がもたらすものは、多重債務者を生み出しかねないカードローン推進、不正融資をもたらしたアパートローン、手数料獲得を優先させた投資信託や保険などの販売強化などの形で表れてきます。また、株主への配当を増やすなどの株主還元政策は、金融庁など監督当局にとっては資本基盤をすり減らし健全性を低下させるという点で望ましくないものとして映ります。

図表2-6：地銀を取り巻くステークホルダーの緊張関係

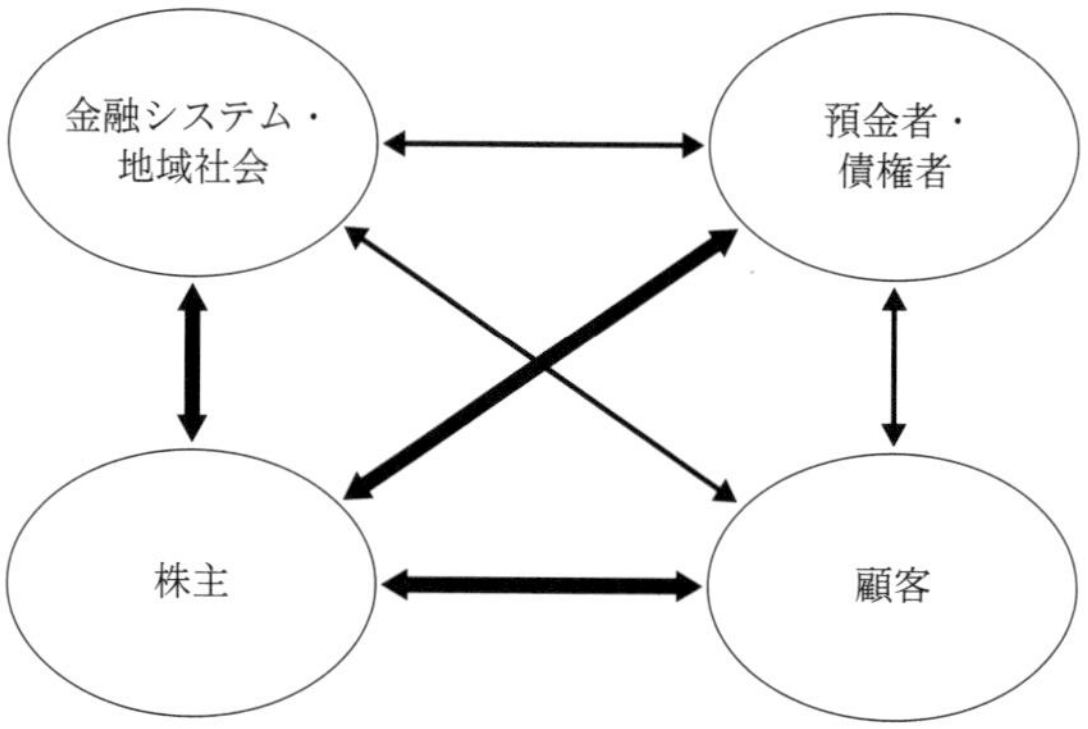

出所：筆者作成

監督当局と地域経済の間ですらも、対立が生じることがあります。世紀末を挟んで金融危機が断続的に日本の金融システムと経済を脅かしました。この時の金融当局の優先課題は、銀行の財務改善でした。金融検査マニュアルやこれに基づく厳格な銀行検査により、銀行の貸し出し行動は大きく転換して「安全運転」へと舵が切られました。簡単に言えば「危なそうなところには貸さない」、「貸すなら公的保証が必要」などということになり、地域で本当に困っている借り手への心の寄せ方が極めてドライになったと思います。財務が優良なところや、「制度融資」と呼ばれる公的保証などが付いている貸し出しは積極的に行う一方で、がむしゃらに審査部門と掛け合ってギリギリで通す案件は激減したと思います。これこそが、当局と地域経済・社会との対立と言えましょう。その後、当局はこの弊害を認め、金融検査マニュアルは廃止となり、より大きな自由度を銀行貸し出し審査の判断に委ねることとなりました。

ガバナンスに関する金融庁からのメッセージ？

金融庁から２０２０年3月に出された文書が、地銀関係者の不安と関心を集めました。そのタイトルは「地域金融機関の経営とガバナンスの向上に資する主要論点（コア・イシュー）」というものです。これに合わせて地銀の当局対応にとっては重要な「中小・地域金融機関向けの総合的な監督指針」も改正されました。

ガバナンスという言葉が入っていますが、一般的にこの言葉は株主利益の視点から語られることが多いです。金融庁自身が東京証券取引所と策定し発表した前出のコーポレートガバナンス・コードについても、様々なステークホルダーのバランスを考えながらも、最も重要なポイントは株主を重視することで持続的な利益成長を実現し企業価値を高めることにあることが行間に滲まされています。

しかし、このガバナンスに係る「コア・イシュー」に関して感じられることについて誤解を恐れずに述べれば、ほぼ正反対のベクトルの方向性を示しているものと思います。「八方ふさがり」の状況の中で、行政の考え方を知ることは大切ですので、ここで明示的あるいは暗示的に語られているメッセージについて考えたいと思います。

まずコア・イシューの背景については、既に説明しました金融庁の検査・監督改革があり、「過去」の精査「将来」にわたる事業継続に向けた経営の実効性チェックへと軸足が移されたことがあります。簡単にいえば、地銀の現在の財務状況より将来の持続可能性に対して金融庁が危機感を強めていることにほかなりません。

これを踏まえて、コア・イシューの8つの論点のうち特に注目すべき4つのポイントについて述べていきましょう。

第一に「地域銀行の経営理念」では、先に述べました利害関係の対立の中で銀行経営者はどちらを主として向くのかを明確化することを求めています。具体的には、株主と地域コミュニティなど利益の方向性が合致しない場合が少なくない場合を想定するとわかりやすいと思います。株主は銀行に対して、配当水準の引き上げや自社株買いによる株価上昇を求める場合が多く見られます。一方で、内部留保の流出は自己資本比率の水準低下を招き、地域に供給すべき資金に制約を課すことが考えられます。このため、銀行の使命やそれに基づく経営理念を対立しうる利害を念頭に置きながら詳らかにする必要があります。

第二に「地域社会との関係」では、貢献すべき市場の明確化を求められましょう。まずは、銀行が最も大切にしなければならない市場について明確な定義を置く必要があるでしょう。多くの場合は、本店が置かれる地域で都道府県単位ないしはその中での特定の地域を明示することになります。地銀にとって当たり前の話ですが、この理由は経営資源をそれ以外の市場やビジネスに投下している現実があるからです。例えば、地元での成長機会の喪失を理由として、他府県へ業容または利益過大の機会を追求するものです。知名度や土地勘で劣る地域への店舗展開においては、取引基盤を確保するために貸し出し等における金利引き下げを行うことが往々にしてあります。受けて立つ地元地銀がこれに金利引き下げで対応することで、無益なダンピング合戦が繰り広げられます。これは、「囚人のジレンマ」的な消耗戦と言わざるを得ません。このため、この論点では、自らが重要視すべき地域市場の明確化とフォーカスを検証することで、消耗戦による共倒れの危険性に対して警鐘を暗示するものではないかと考えます。

第三に「経営戦略の策定」と「経営戦略の実践」の二つの論点では、経営理念を踏まえた経営戦略がどう描かれて、どう実践されるかを問われます。簡単に表現すれば、中期経営計画の適切性・妥当性をチェックした上で、計画を画餅に終わらせないために、計画策定後の戦略修正などが適宜行われているかが検証されるものと考えられます。例えば、地元中小企業への貸し出しを強化する計画を掲げてはいるものの伸び悩み、これをカバーすべく他地域でのシンジケートローン参加や不動産プロジェクトファイナンスなどで貸し出しボリュームを稼ぐなどの結果をいかに経営的に捉えるか、そして軌道修正するかが問われます。当然、営業店のパフォーマンス評価を行う業績考課がどうなっているかも同時に検証する必要があるでしょう。

そして第四として「業務プロセスの合理化や他機関との連携」が当局としては重要な関心事となるでしょう。事務フローの見直しなど業務プロセス合理化による経営効率性向上は、既に多くの地銀が取り組んでいるところです。しかし、これを支えるシステム開発に必要な経営資源の捻出は簡単ではありません。また、近年はコンプライアンス等の要請に基づく対応コストが増加するなど必ずしも前向きな業務負担とはいえないものも存在しています。これに加えて、フィンテックなどの技術革新への対応は不可避であり、単独行が対処できる範囲を超過していることは否めません。まずは、すでに勘定系システムを中心とした合従連衡は進んでいますが、より包括的な連携が求められるところです。このため、本書のメインテーマである再編や提携への展望は、当局にとっても「適切なガバナンス」を遂行しているかのチェックポイントとなるでしょう。

このような金融庁の動きは非常に早くしかも重い内容であるという印象ですが、その理由は何でしょうか？

その答えは、行政が向き合う時間軸にあると思います。

まず一つは、独占禁止法の例外規定が設けられる地銀再編等の時限措置が10年間であるということです。10年という年限は長期に見えます、銀行の再編は簡単ではありません。銀行間の意志決定まで短くない時間を要するほか、特例法が適用される5つの要件のうち最後の要件のみが金融庁ではなく公正取引委員会の判断であるということも気にかかるところです。このため、銀行を監督する立場から考えれば、再編促進につながる円滑な運用までに紆余曲折も予想されるため、さほど時間的猶予を感じてはいないと思います。

もう一つは、公的資金投入の根拠法である金融機能強化法の期限です。金融危機からの出口を告げるいわゆる「竹中ショック」の翌年には、行政の関心は大手銀行から地域金融機関へと移りました。そこで2004年に成立したのが公的資金を投入するための枠組みで、時限立法である「金融機能強化法（金融機能の強化のための特別措置に関する法律）」です。その後、2008年にはリーマンショック、2012年にはその前年の東日本大震災などで期限は順次延長され、2020年には新型コロナ禍により2026年までの延長を決めました。この疫禍を本質的延長理由と考えるかどうかは別として、再編等を踏まえながら公的資金により地域金融の持続可能性を担保するフレームワークの必要性については、行政として強く認識しているはずです。とはいえ、時限立法であることは変わりませんので、この措置が生きている間に「ガバナンス」を問いながら持続可能性のための経営判断を求めていく狙いがあるのではないかと見ております。

ジレンマは解消可能か

当局と社会との緊張関係は当面問題ないにしても、株主と地域社会との緊張関係は今後も残ると思います。そこで、地銀経営者が抱えるこのジレンマについて、もう少し踏み込んで考えてみたいと思います。

まず、株主は千差万別だという点を認識すべきです。投資期間や目的は、株主によって異なります。わずか1日で株式を売買するトレーディング目的の投資家もいれば、長期運用を目指す年金などの機関投資家も存在しています。このため、地域社会と共生しながら地域活性化に貢献することで地銀の長期的な事業価値が増えるような投資施策があったとしても、短期的株価上昇を志向する株主にとっては関心の外であるばかりでなく、そのような投資に資本を使うより株主還元を求めることは想像に難くありません。

地域社会を支えるという地銀の存在意義の根幹に関わる方向性は、ステークホルダーの種類を問わず絶対に守らなくてはならないミッションです。この考え方が共有できない株主の利益を重視する必要は、私はないと思います。企業の存立基盤に係る部分ですから、それを是としない株主には「どうぞ売却してください」と言っても構わないと思います。以前、遠藤俊英金融庁長官が日本経済新聞主催の講演会[11]の中で、「地銀の頭取と議論していて上場しているメリットは感じられない」とのコメントがあったようです。その真意は判じかねますが、恐らく地域社会における持続可能性と上場に伴う株主利益重視とのバランスの難しさを示唆した発言だと思います。

こうした地銀が抱える悩みについて、即効性のある処方箋はありません。しかし、このような状況も踏まえつつ、今後の地銀という事業体の組織のあり方を考えるべきではないかと思います。次章ではこの点にも触れた方策について述べたいと思います。

【参考】ジレンマを抱える地銀の資本政策に関しての処方箋

本章最後に取り上げた問題に関しては、本書の主旨から外れるので多くを述べませんでしたが、私はかつて論文[12]の中で、解決方法についての提案を行いましたので、参考として以下補足します。

解決策1：株主に合わせるのではなく、地銀の持続可能性に資する方策に賛同する投資家を株主に

①経営ビジョンの明示：収益の一時的低迷、株主還元の抑制などを甘受しても、地域経済・社会貢献を優先することを明示。株主に短期的不利益を招くリスクを周知することが重要。短期的な収益性を犠牲にしても超長期的な持続可能性を最優先とすることを同時に周知する。

②利益成長よりも利益安定性を重視することを明示：自己の短期的利益を追求する投資家や、経営陣に株価上昇を求める株主の視界から逃れる。

③株価下落の甘受：以上の方針を明らかにすることに伴い、国内外の機関投資家を中心にネガティブな反応を招く可能性大。短期利益志向の投資家の売却による株価下落を甘受する覚悟が求められる。

④情報の非対称性の解消：地銀経営陣が目指す経営の方向性と株主利益の一致することによって、共鳴した既存株主と、明確な経営ビジョンに賛同し新たに株主として加わ

図表2-7：世界のESG投資の残高

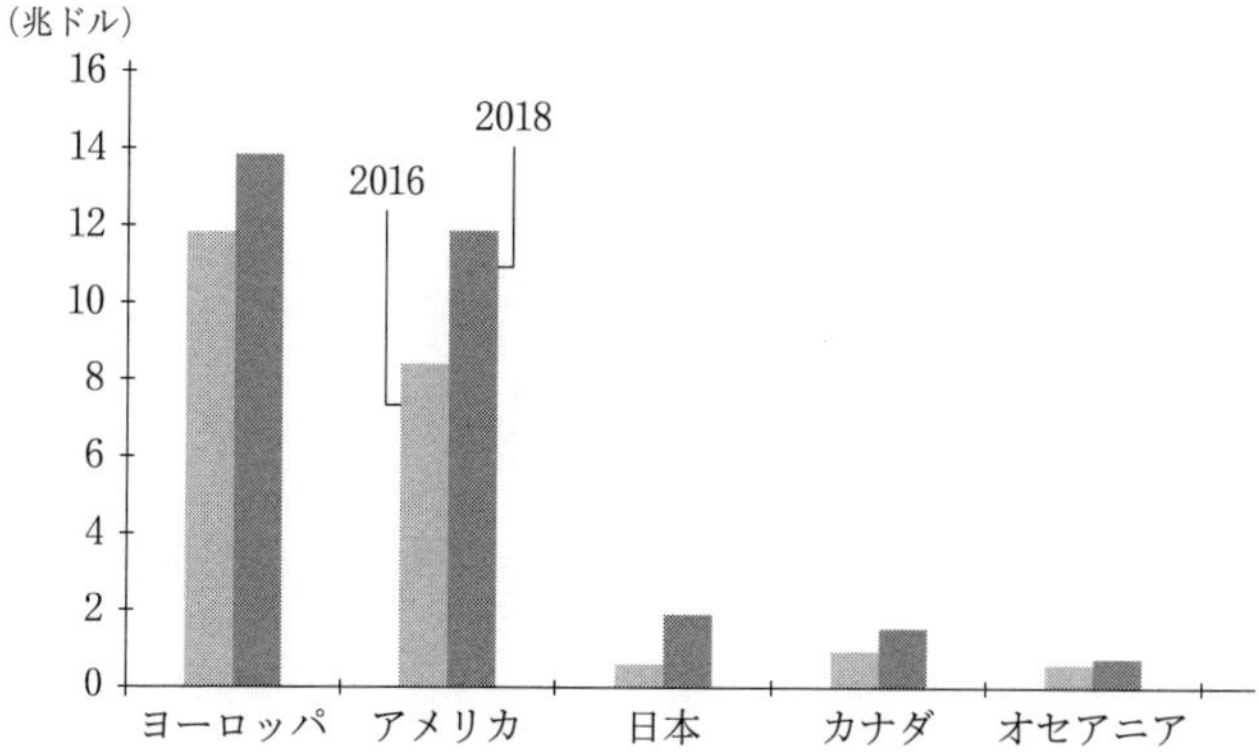

出所：Global Sustainable Investment Alliance統計に基づき筆者作成

った株主たちの持つ方向性と経営方針は一致する。このため、経営陣が株主の意図に反する行動を取る可能性が軽減される。

なお、ＥＳＧ投資を行う投資家への呼びかけも重要。リーマンショックに連なる市場主義の存在や、地球温暖化などをはじめとする環境への配慮などを踏まえた投資に注目が集まり、ＥＳＧに配慮した経営を投資対象の企業が行っているかについて、定量・定性的な評価を行ったうえで投資判断につなげる。こうした投資は、年金のほか、投資信託が採用しており、近年世界的広がりを見せている。ＥＳＧを投資方針の中心に置く投資ファンドが加盟する世界持続的投資連合（Global Sustainable Investment Alliance）によれば、２０１８年末のＥＳＧ投資は31兆ドル（約３２００兆円）に上る。

解決策２：非上場化による本質的コミュニティバンク化

①資本調達方法の確定：上場企業の子会社を除き、非上場銀行は極めて例外的[13]であり、その主因である資本調達の問題が先決事項。ＭＢＯ（マネジメント・バイアウト）のように経営者が主役になるか外部者によるＭＢＩ（マネジメント・バイイン）となるかにかかわらず、コンソーシアムの組成が現実的。地元企業、地方公共団体、地元とつながりが深い個人、連携関係が結べる金融機関などによる出資を募る。また、必要に応じて経営方針に賛同するプライベートエクイティ・ファンドも招く。

②チェックポイントのクリア：次の項目を充足することが肝要～（ａ）安定かつ堅固なガバナンス構造（創業家など一部の利害関係者による支配が及ばないこと）、（ｂ）客観性あるコンプライアンス（出資企業向け貸し出しなどにおける配慮の遮断など）、（ｃ）透明性の確保（コーポレートガバナンス・コード適用外となっても外部に対する説明責任を確保）、（ｄ）非上場化手続きの少数株主への配慮（経済産業省の示すガイドラインなどに沿った手続きの敢行[14]）。

③非上場化後のキャッシュアウト方法の検討：個人や中小企業などが急に資金が必要になった場合の株式買戻しや転売についてのルール付けを行う。

なお、株式市場との向き合い方や銀行の置かれている財務的状況や経営環境に応じて、どういった考え方で組織や資本の再構築を検討すればよいかという点について、フローチャートを作成しました（図表2－8）。

このフローチャートの見方について、簡単に説明します。

まず、地銀の経営規模の大きさと財務基盤の強靭さについて、「大」「中小」、「良好」「不安あり」に分かれます。特に資産額等による規模の分岐点、あるいは自己資本比率などによる財務基盤の強弱についての区分を定量的に設けているわけではなく、イメージに基づく参考という程度にご覧ください。

次に、株式市場との向き合い方についての判断です。市場規律とは、株主等が自身の利益にかなうような経営行動を行ってもらえるように促すための明示的または暗黙的な圧力です。これが、株主利益と地域などその他のステークホルダーの利益との間の経営者の葛藤の源泉となります。株主利益と地銀のミッションを両立するということであれば、現状維持で問題ありません。しかし、ジレンマが限界に達した場合は、資本政策の見直しに迫

図表2-8：地銀の組織・資本構造の再構築に関する
フローチャートのイメージ

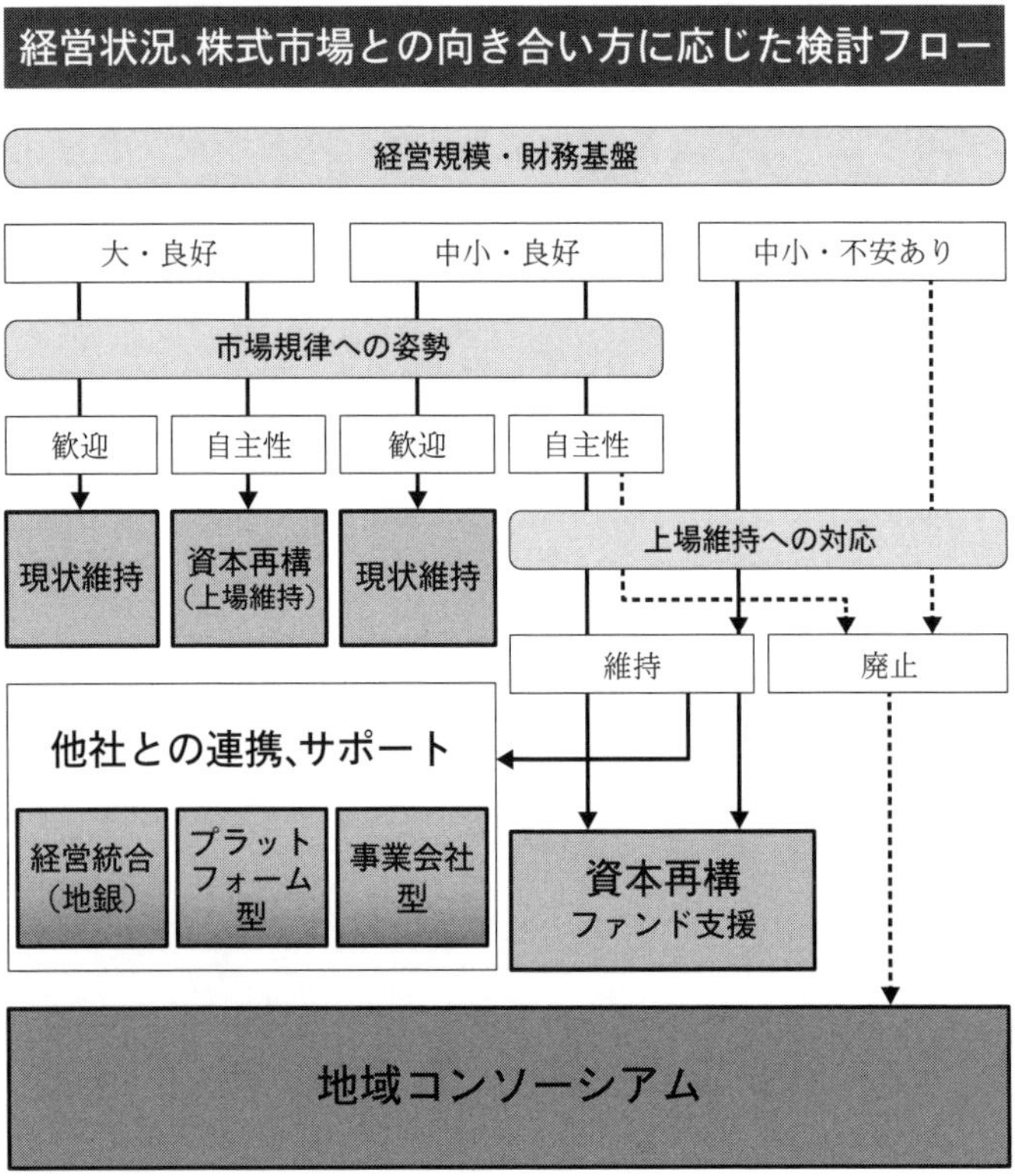

られるでしょう。

その場合、規模が大きいと独自の資本調達はかなりの困難を伴うため、上場廃止へ舵を切ることは難しいと思われます。このため、図では「資本再構（上場維持）」としておりますが、これは既に「解決策1」で述べたように、短期志向が強く地域の持続可能性をサポートする経営ミッションに適合しない投資家の退場と、経営方針に賛同する投資家の入場を意味しています。

続いて、経営規模が大きくない地銀の選択肢を見てみましょう。現状の株主との向き合い方を維持する場合を除いては、財務の良し悪しを問わず「上場維持への対応」へと矢印が伸びています。

上場維持を選択する場合は、2つの経路に向かいます。右側の矢印は、「資本再構（ファンド支援）」に向かいます。このケースでは「解決策1」に沿った選択も可能ですが、経営規模が小さいため個別のＥＳＧファンドや地域創生ファンドなどに呼び掛けることも可能かと思います。一方で、左側の矢印は「他社によるサポート」にたどり着きます。

財務状況が脆弱な場合は、他の地銀による吸収という選択肢がありますが、そこまで深刻でない場合は、3つの類型が考えられます。第一が、他の地銀との経営統合を伴いながら、市場からの圧力を抑制するもの、第二がＳＢＩホールディングスの第4のメガバンク構想のようなイメージ、第三が地域の事業会社がプラットフォームを提供するものです。

最後に、上場廃止の選択の行く先を見てみましょう。これは「解決策2」で紹介したコンソーシアムの組成に行きつきます。

【注】

1 クレジットカードや後払い方式の電子マネーは、割賦販売法が適用され、最低資本金などの財務的要件の充足や経済産業省の登録簿への登録義務のほか、利用者保護のための各種の義務が課せられます。

2 このほか、発行保証金信託契約を結んで信託会社に同等の財産を預けた上で届け出れば、供託所に預ける必要はありません（資金決済法16条）。しかしこの場合でも、チャージ相当額の半分の財産を預けることになるので経済的な効果は変わりません。

3 Bank Holding Company

4 正確には、銀行が行う本来業務、銀行付随業務および補完業務に含まれない事業は即時停止を余儀なくされます。

5 Diversified Holding Company

6 ちなみに、50％以上の持ち分取得の場合は「支配株主」とされます。

7 社会的使命の視点からは、金融仲介機能、信用創造機能（預金と貸し出しを繰り返すことにより経済に供給されるお金を増やす機能）、決済機能（送金や支払い）がありますが、ここでは金融仲介機能の中でさらに枝分かれした3つの機能を取り上げています。

8　APIとはApplication Program Interfaceの略で、銀行によるオープンAPIとは、銀行がマネーフォワードなど外部事業者にシステムへの接続仕様を公開した上で、データへのアクセスを認める連携方法です。これにより、マネーフォワードの利用者は銀行の残高や口座異動などを簡単に確認できます。

9　銀行法第4条の2「銀行は、株式会社であつて次に掲げる機関を置くものでなければならない。（以下略）」。

10　Environment, Social, Governance

11　2019年5月29日開催「金融庁2・0」の実相は　長官に問う銀行の未来。遠藤長官のコメントは開催日翌日の日本経済新聞から引用。

12　「地域銀行の非上場化に関する考察」『政策情報学会誌』第13巻第1号（2019年11月発行）

13　非上場銀行の例としては、りそなホールディングス傘下のりそな銀行など上場持ち株会社傘下の銀行を除いては少なく、地方銀行（第二地方銀行を除く地域銀行）の中で兵庫県の但馬銀行のみ。

14　経済産業省「公正なM&Aの在り方に関する指針―企業価値の向上と株主利益の確保に向けて―」2019年6月公表。

第3章

3つの道

地銀が置かれた厳しい状況について、声高に危機をあおるのではなく冷静かつ客観的に述べてきたつもりです。例えばフィンテックで銀行が不要となるという見方に対して、短中期的に銀行が不要となることもなければフィンテック企業による銀行ビジネスへの侵食は限定的であることを示しました。

しかし、地銀の株価は超割安な状況で放置されています。これは、収益環境の厳しさとデジタリゼーションへの適応困難さを市場が織り込んだ結果であり、言い換えれば「第2の適者生存／自然淘汰」の時代を迎え生存権を獲得するのが難しかろうという見方を反映したものと考えられるのです。

本章では、経営環境の困難さを克服するための道を組織再編という点から考えようと思います。特に、持ち株会社形態の活用に関して、その合理性の高さを示しながら語っていきたいと思います。その上で、地銀の方向性について「3つの道」という形で大まかな進路を示していきます。とはいえ、地銀の組織論はそれほど単純ではありません。また、何より大切なのは「時間軸」の中で進み方が異なるということを認識することです。

もちろん、生き残りのために本章で述べる3つの道がすべてだとは思いません。しかし、技術革新と限られた経営資源という与件をもとに考えられる方法はさほど多くは見当たりません。そこで、海外での事例などをヒントとして、3つの道からさらに分岐する複数のモデルを提案することとしました。

構造的な変革には、組織的な再編成が不可欠です。もちろん、これに合従連衡の視点が加わります。本章では、経営統合を前提とした経路を２つ、合従連衡を前提とせずに現状の経営基盤を抜本的に作り変える道を１つ提案します。

それぞれの地銀が置かれた市場特性や、競合金融機関、経営規模など、諸条件は様々であり、画一的なソリューションがあるわけではありませんが、以下取り上げる材料をもとに今後の方向性を検討するきっかけになればいいと思います。

もちろん、組織再編で経営課題がきれいに片付くことはありませんが、課題に取り組むための環境づくりが可能になると思います。こうした取り組みを通じて現在の株価が示す悲観的見通しを覆すような経営を行えば、株価的にも世間一般の評価も飛躍的に良化するはずです。

1. 地銀再編における持ち株会社の重要性

過去30年間の地殻変動と再編

銀行の再編は、1997年から2003年に及んだ金融危機をきっかけに急増しました。メガバンクの形成もこの時期です。「日本の銀行の数は多すぎる」「オーバーバンキングが低収益の原因だ」などと批判されがちですが、改めて長期的な預金取扱い金融機関数の推移を見てみましょう。

図表3－1でご覧のとおり2000年を挟んで「地方銀行」を除くすべての業態で機関数がほぼ半減していることがわかります。破綻や営業譲渡を伴うケースも一部ありますが、機関数減少の主因は合併等の経営統合によるものです。なお、持ち株会社形式による再編の場合、傘下の銀行数が減っていなければ図表上の数も変わらない点を付け加えておきます。

明らかなことは、これだけの構造変化が起きているにもかかわらず地方銀行数が不変という不可解さです。時価会計や不良債権見極めの厳格化などの環境変化で、自然淘汰と適

図表3-1　業態別預金取扱い金融機関数の推移

	1980年	1990年	2000年	2010年	2020年	30年間減少率
大手銀行	16	15	12	8	7	−53%
地方銀行	63	64	64	64	64	0%
第二地方銀行	71	68	60	42	38	−44%
信用金庫	462	451	372	271	257	−43%
信用組合	484	408	281	158	145	−64%
合計	1,102	1,023	788	543	511	−50%

注：便宜上、信託銀行を除く。毎年3月末時点。
出所：金融庁、預金保険機構統計に基づき筆者作成

者生存の境界線が現れたことを第１章で述べましたが、地方銀行64行は見事に適者生存したということになります。

たしかに、都道府県の金融盟主としてのポジションや財務基盤の盤石さなどはある程度あったと認めることができます。しかし、金融危機における金融検査や引当償却基準の履行について、大手銀行とそれ以外でダブルスタンダードともいえる緩急さがあったという点も、生き残った一因であったことは明記すべきだと思います。

増勢にある地銀再編と持ち株会社の活用

合併を中心とした再編の歴史は確認できましたが、次に、今世紀に入ってからの銀行再編の形が変化したことについて確認していきましょう。

近年の銀行再編の特徴は、銀行持ち株会社の活用です。現在、日本国内の銀行持ち株会社は25社（金融庁公表、２０２０年4月1日現在）あります。その内訳としては、メガバンクなどの主要銀行系のグループが6社、地銀グループが15社、そして一般事業会社などの系列が４社です（図表３－２）。

今から10年前までは、地銀による銀行持ち株会社が5社に過ぎなかったことを考えれば、地銀再編スキームとして重要な役割を果たしてきたことはおわかりいただけると思います。

実際にどのような地銀再編があったのかを、具体的に見ていきましょう。図表３－３には、再編の形態と経営統合の参加銀行、初期の再編形態からの変化などについてリストアップしてあります。

２００1年4月に北海道の北洋銀行と札幌銀行が共同で持ち株会社を立ち上げる形で再編してから、数多くの合従連衡が繰り広げられました。この中で、経営統合を最初に決定した時点における持ち株会社スキームでの再編の多さです。実際に、統合初期段階で持ち株会社ではなく合併を選択したのは、茨城県における関東つくば銀行と茨城銀行（新銀行名は筑波銀行）および十六銀行と岐阜銀行（十六銀行として継続）の2例のみです。

これだけ経営統合スキームとして持ち株会社形態が定着した理由は、いくつもありま

図表3-2　銀行持ち株会社の一覧

銀行持ち株会社名	本店等所在地	種別
株式会社みずほフィナンシャルグループ	東京都	主要行
株式会社三井住友フィナンシャルグループ	東京都	主要行
株式会社三菱UFJフィナンシャル・グループ	東京都	主要行
株式会社りそなホールディングス	東京都	主要行
三井住友トラスト・ホールディングス株式会社	東京都	主要行
日本郵政株式会社	東京都	主要行
フィデアホールディングス株式会社	宮城県	地域行
株式会社じもとホールディングス	宮城県	地域行
株式会社第四北越フィナンシャルグループ	新潟県	地域行
株式会社めぶきフィナンシャルグループ	東京都	地域行
株式会社東京きらぼしフィナンシャルグループ	東京都	地域行
株式会社コンコルディア・フィナンシャルグループ	東京都	地域行
株式会社三十三フィナンシャルグループ	三重県	地域行
株式会社ほくほくフィナンシャルグループ	富山県	地域行
株式会社池田泉州ホールディングス	大阪府	地域行
株式会社関西みらいフィナンシャルグループ	大阪府	地域行
株式会社山口フィナンシャルグループ	山口県	地域行
トモニホールディングス株式会社	香川県	地域行
株式会社ふくおかフィナンシャルグループ	福岡県	地域行
株式会社西日本フィナンシャルホールディングス	福岡県	地域行
株式会社九州フィナンシャルグループ	鹿児島県	地域行
ソニーフィナンシャルホールディングス株式会社	東京都	その他
JTCホールディングス株式会社	東京都	その他
AFSコーポレーション株式会社	東京都	その他
auフィナンシャルホールディングス株式会社	東京都	その他

出所：金融庁

す。持ち株会社について詳しく説明する前に、まずは実例に沿って3種類の持ち株会社活用方法を見てみましょう。

第1の活用方法は、銀行同士の合併を行うまでのブリッジ的役割を果たすパターンです。この場合は、持ち株会社は経過的な措置という位置付けで、持ち株会社自体を廃止するケースもあります。この代表例は、現在の北洋銀行の前身母体である札幌北洋ホールディングスです。札幌北洋ホールディングスは、北洋銀行と札幌銀行を束ねる持ち株会社として2001年に設立されました。その後2008年にこれら2つの銀行が合併したことを機に、2012年に持ち株会社を廃しました。この例以外にも、東京きらぼしフィナンシャルグループがあります。その前身の東京TYフィナンシャルグループは、2014年に東京都民銀行と八千代銀行が経営統合を行う際に設立され、2018年にはこれら2行ならびに2016年買収した新銀行東京が合併、きらぼし銀行が誕生しました。持ち株会社は、唯一の傘下銀行となったきらぼし銀行のブランドネームに合わせて東京きらぼしフィナンシャルグループに商号変更され存続させた点は北洋銀行と異なります。これら2つの例ばかりでなく、きらやか銀行（旧きらやかホールディングスのもとで山形しあわせ銀行と殖産銀行が合併、現在は仙台銀行を傘下に加え「じもとホールディングス」）、紀陽銀行（和歌山銀行を合併後に紀陽ホールディングスと合併、持ち株会社を廃止）、池田泉州銀行（池田泉州ホールディングス傘下で池田銀行と泉州銀行が合併）、三十三銀行（三十三フィナンシャルグループ傘下の三重銀行と第三銀行が2021年合併予定）、第四北越銀行（第四北越フィナンシャルグループ傘下の第四銀行と北越銀行が2021年合併予定）なども、銀行間の合併が円滑に進むように持ち株会社形態が活用されました。

第二の活用方法は、持ち株会社のもとで複数の銀行が独立性を維持しながら経営を続けるパターンで、ほとんどの持ち株会社の活用事例がこちらに該当することが図表からもご覧頂けると思います。最もわかりやすい例は、北海道と北陸3県を結ぶ経営統合で設立された「ほくほくフィナンシャルグループ」です。厳密には、北海道銀行がほくぎんフィナンシャルグループを設立し、翌年に北陸銀行と北海道銀行を抱える銀行持ち株会社としてスタートしたもので、（第二地方銀行ではなく）地方銀行が持ち株会社を活用した最初の事例です。これら2つの銀行は、主たる商圏が富山県など北陸3県と北海道と距離的にも離れていること、そして地元でのブランドネームが強いことなどから、2つの傘下銀行をそのままのブランドネームで存続させる判断をしたものと考えられます。ほくほくフィナンシャルグループ以外で持ち株会社のもとで銀行合併を伴わない事例のほとんどは、地域市場の重複が大きくないこと、そして地元における銀行名の定着度が高いことの2つが特徴といえるでしょう。

図表3-3　今世紀に入ってからの地銀再編

再編年月	頂点企業	再編形態	傘下主要銀行、合併行
2001/4 (2012/10)	札幌北洋HD 北洋銀行	持ち株 銀行	北洋、札幌 *2008/10傘下銀行合併
2004/9	ほくほくFG	持ち株	北海道、北陸
2005/10 (2008/10) 2012/10	きらやかHD きらやか銀行 じもとHD	持ち株 銀行 持ち株	山形しあわせ、殖産 山形しあわせ、殖産 きらやか、仙台
2006/2 (2006/10) (2013/10)	紀陽HD 紀陽HD 紀陽銀行	持ち株 持ち株 銀行	紀陽、和歌山 紀陽、和歌山 紀陽銀行と紀陽HDが合併
2006/10 2011/10	山口FG 山口FG	持ち株 持ち株	山口、もみじ 山口、北九州、もみじ
2007/4 2007/10 2019/4 (2020/10予)	ふくおかFG ふくおかFG ふくおかFG ふくおかFG	持ち株 持ち株 持ち株 持ち株	福岡、熊本（熊本ファミリー） 福岡、親和、熊本(熊本ファミリー) 福岡、十八、親和、熊本 福岡、十八親和（予）、熊本
2009/10	フィデアHD	持ち株	北都、荘内
2009/10 (2010/5)	池田泉州HD 池田泉州HD	持ち株 持ち株	泉州、池田 池田泉州
2010/3	筑波銀行	銀行	関東つくば、茨城

第3の活用方法は、持ち株会社に銀行、証券など機能別子会社の経営管理を担わせるパターンです。これは、メガバンクとほぼ同じタイプといえます。この活用方法は、既述の2つのパターンと併用されています。具体的には、じもとホールディングス、コンコルディア・フィナンシャルグループ、三十三フィナンシャルグループ、トモニホールディングス、ふくおかフィナンシャルグループなどがこれに該当します。

再編年月	頂点企業	再編形態	傘下主要銀行、合併行
2010/4 2016/4 (2020/1)	トモニHD トモニHD トモニHD	持ち株 持ち株 持ち株	徳島、香川 大正、徳島、香川 徳島大正、香川
2012/9	十六銀行	銀行	十六、岐阜
2014/10 (2018/5)	東京TYFG 東京きらぼしFG	持ち株 持ち株	東京都民、八千代 きらぼし
2015/10	九州FG	持ち株	肥後、鹿児島
2016/4	コンコルディアFG	持ち株	横浜、東日本
2016/10	めぶきFG	持ち株	足利、常陽
2016/10	西日本FHD	持ち株	西日本シティ、長崎
2018/4 (2021/5予)	三十三FG 三十三FG	持ち株 持ち株	三重、第三 三十三（予）
2018/4 2019/4	関西みらいFG 関西みらいFG	持ち株 持ち株	近畿大阪、関西アーバン、みなと 関西みらい、みなと
2018/10 (2021/1予)	第四北越FG 第四北越FG	持ち株 持ち株	第四、北越 第四北越（予）

注：2001年4月以降。営業譲渡を除く。
出所：金融庁資料に基づき筆者作成

持ち株会社は批判されるほど悪くない

私が銀行アナリストをしている間によく耳にしたのが、「持ち株会社による再編は2つの銀行を持ち株会社の下に並べるだけなので、合併のようなシナジー効果も期待できない」という持ち株会社に対する悪評でした。しかし、銀行法の改正の後押しもあり持ち株会社形態の再編は単純な合併より合理性が高いことも少なくないと思います。そこで、持ち株会社の制度的改善の経過について簡単に触れておきたいと思います。

金融持ち株会社は、独占禁止法などの関連法令改正により1997年に解禁されました。きっかけは、第二次橋本龍太郎内閣の日本版金融ビッグバン構想です。銀行や証券など異なる金融サービスを担う会社を持ち株会社のもとで束ねることで、銀行・証券・保険など多彩な金融商品の「ワンストップサービス」で消費者や企業に提供することが当初の狙いです。このため、これが地銀再編ツールとしてこれほど使われようとは、政策担当者は予想していなかったと思います。

この設計経緯もあり、銀行間の再編で用いる際には使い勝手の悪さがありました。1点目は、銀行持ち株会社が行える業務範囲の制約です。[1] 持ち株会社が傘下銀行から総務・事務などを吸い上げて業務執行を行うなど効率性向上には役に立ちませんでした。2点目は、グループ内の重複業務を持ち株会社傘下のいずれかの子会社に集約することが難しかったことです。同じグループ会社であっても、業務委託に伴う重い監督責任を負わされるために、業務集中による効率化メリットが得られなかったのです。そして3点目は、傘下の子銀行間の資金融通における「アームズ・レングス・ルール」という縛りです。預金が余っている銀行と不足している銀行との間で、自由な条件で資金のやり取りが進められない状況にありました。

これらの問題の解消に寄与したのが、２０１６年5月の銀行法改正です。この改正につながる金融審議会での議論には専門委員として参加させて頂いたので、私としても思い入れの強いところです。この法改正により、持ち株会社を銀行再編ツールとしてさらに使いやすくすべく、持ち株会社による共通・重複業務の執行、グループ子会社への業務委託の容易化など大きな改善が図られたのです。[2]この結果、持ち株会社による経営統合を、業務集約や資金融通における効率化に直結させることになりました。

持ち株会社方式の巧拙

地銀再編を持ち株会社形態で行うことの最大のメリットは、銀行間の合併までのスムーズな経過期間の確保です。カラーの異なる組織が一つになることは、骨の折れる仕事です。ＩＴシステムや帳票を含めての事務プロセス、事務総務上の規程、人事システムをはじめとする基本インフラ部分を統合する物理的負担は想像を絶します。似たような銀行に見えても、コーポレートカルチャーや業務慣行なども異なる場合がほとんどで、役職員の心理的にも大きな負荷がかかります。悪くすればこれに政治的な抗争が加わります。無理で性急な統合は、タブロイド紙が扱うような不協和音ばかりでなく、システム統合の不具合など社会的にも経済的にもマイナスの結果をもたらします。その点で、持ち株会社のもとで、周到な調整を行うことで合併までの時間軸を確保することができるのです。

次に、それぞれの子銀行に対して一定の独立性と自治権を与えやすいことです。府県またぎの再編により子銀行間で地盤とする地域市場が異なる場合、あるいは規模の異なる銀行再編により顧客基盤のセグメントに差がある場合など、営業戦略を統一的に行うことが効果的ではないことが少なからずあります。また、ブランドネームの定着などにより、合併によるブランディングが全体としての経済価値を損なうケースも考えられます。このような場合においては、既存銀行を存続させて地域特性に応じた戦略を独自に展開させることのメリットが確保できます。この一方で、事務・システムなどの共通するバックヤード業務やリスク管理を一元化することで、経営統合による再編効果は合併と同様に実現することが可能です。

持ち株会社としては、子銀行を独立した法人として自治権を尊重しながらも、適時適切に株主権を行使することで、子銀行間でのベストプラクティス共有を促しつつ、コンプライアンス的視点を含めた総合的ガバナンスを働かせることで、グループ戦略の最適化を目指すことができるでしょう。

デメリットというか、留意点もあります。一つは、シナジー実現に向けてのスピード感の欠如です。恐らく、この点が印象的にも株式市場が持ち株会社形態での再編を歓迎しない理由ではないかと見られます。持ち株会社を設立しながらも、既存銀行を単純にぶら下げるだけの統合を考える経営者はいないと思います。しかし、この形態はモラトリアムあるいは時間稼ぎという空気を発生させる危険性を持っています。そうした雰囲気が組織内に充満すれば、「できない理由」の羅列が始まり早期の統合効果実現は画餅となります。メリットでも述べたとおり、持ち株会社スキームは政治的衝突や感情的摩擦を軽減する上で有用ではありますが、激しい議論を戦わせながら結論を導くことを避けるための装置であってはいけません。

もう1つの留意点は、持ち株会社と子銀行との力学の問題です。顧客基盤や収益貢献力などの大きさから、１つの子銀行の発言力がグループ内で必要以上に高まる場合があります。このようなケースでは、経営陣の人事などを通じて子銀行の持ち株会社への影響力が増し、持ち株会社の株主としてのガバナンスが確保できなくなります。また、他の子銀行を含むグループ戦略に望ましくない影響を及ぼすことがあります。そうなれば、持ち株会社の全体統制能力が低下するばかりでなく、再編相手である他の子銀行などへの問題も生じるようになります。

しかし、こうした点も社外取締役の充実や組織のろう断を防ぐルールや仕組みを整備することにより、客観性が担保された有効なガバナンスを敷くことは十分に可能です。

以上述べてきたように、持ち株会社をテコとした再編は極めて有効に機能します。この機能を活用しながら、地銀の選択すべき道について考えていきたいと思います。

2．第1の道～リージョナル・メガバンクとトランスリージョナル・バンク

アメリカ発のスーパーリージョナル・バンク

持ち株会社の利点を活かした地銀再編の展開方法について考えるときに、よく用いられるのが「スーパーリージョナル・バンク」です。もともとは、アメリカで州を飛び越えて広域展開する地銀を指す用語でした。代表格としては、バンク・オブ・アメリカ・メリルリンチの前身であるネーションズバンク[3]やＪＰモルガン・チェースにつながるバンク・ワン[4]などが挙げられます。

連邦国家であるアメリカでは、各州の自主性と独立性を尊重する土壌があったため、１行１州主義ともいわれる銀行店舗の州際規制が古くから敷かれていました。このため、銀行の広域化には銀行持ち株会社による買収が広域戦略の主流でした。こうした州際規制の根拠となるマクファーデン法[5]は、スーパーリージョナル・バンクの躍進や各州当局の柔軟化などを背景に見直しが余儀なくされ、１９９４年にはリーグル・ニール法[6]の成立により大きな自由度を持って銀行の広域展開を行えるようになりました。

余談ですが、日本においても地銀が他府県等への新規出店を行うことは「店舗通達」により自由には行えませんでしたが、1997年にはこの通達も廃止され、原則自由となりました。地銀間の合併において、独占禁止法に基づく公正取引委員会の審査をクリアする必要がありますが、都道府県単位で市場シェアを精査する合理性はこの店舗通達の存在にあったといえます。2019年における政府の「未来投資会議」による方針決定によって、地銀やバス会社の地域内での再編について独占禁止法適用の例外適用を求める形となりました。しかし、私は店舗規制がなくなった今、そもそも都道府県単位で「市場シェア」を議論すること運用自体を見直すべきだと思います。

わが国における地銀連合の展開方法

話が脱線しましたが、アメリカにおけるスーパーリージョナル・バンクに戻りましょう。アメリカにおいては、すでに紹介したリーグル・ニール法が1997年に発効する一方、1999年には銀行・保険・証券を網羅する金融グループ形成を可能とするグラム・リーチ・ブライリー法[7]が成立して、金融市場全体が大再編時代へと突入していきます。法制度の整備は、2つの方向での再編を加速させます。一つはスーパーリージョナル・バンクで、もう一つは金融コングロマリットです。

前者の特徴は「面での展開」です。日本では経営統合によるシナジーの半分をコスト削減で説明する傾向がありますが、アメリカの地域再編の主たる目的は地域市場での覇権獲得です。1つの地域でプライスリーダーシップを握ることで、過当競争に陥るのを防ぎながら強固な地域ブランドを確立させることができます。この地域覇権を横展開することで、オセロのように面での覇権を拡大していきます。

後者の特徴は、機能軸の統合です。銀行・証券・保険に資産運用が1つのグループに加わることで、リテールビジネスではナショナルブランドの確立が、法人・市場ビジネスでは直接・間接金融を統合したホールセールバンキングの提供が可能となります。

この異なる再編展開の方向性は、日本の地域再編に当てはめることができます。一つは面での展開で、地域市場での覇権を目指す再編です。そして、もう1つは地域的な重なりはなくとも機能を共有化することで、効率的に業務運営を可能にする連合体形成です。日本では、「大規模な地銀再編」イコール「スーパーリージョナル・バンク」という扱われ方をするので、これを峻別するために、一つ目を「リージョナル・メガバンク」、2つ目を「トランスリージョナル・バンク」と呼びたいと思います。いずれも私の造語です。

頭の体操的にいえば、リージョナル・メガバンクは横浜銀行、千葉銀行、武蔵野銀行が連合するイメージで、トランスリージョナル・バンクは千葉銀行や中国銀行をはじめとするＴＳＵＢＡＳＡアライアンスが結集するイメージです。いずれも、持ち株会社のプラットフォームのもとでの再編を行う形が想定できると思います。

面での再編を目指す「リージョナル・メガバンク」

面での再編は、アメリカでの地銀再編の成功モデルで、同じ地域あるいは隣接する地域市場でのプライスリーダーシップを目指すモデルです。

現在、地銀が直面しているのは血で血を洗うレッドオーシャンでの競争です。預金金利がこれ以上引き下げられない中で、同一地域ないしは近隣地銀同士が住宅ローンや法人向け貸し出しを巡って互いに貸し出し金利を引き下げ合う状況が常態化しています。消耗戦の果てには、持続可能性が見通せません。さらに、地元市場でのビジネス成長に限界を感じた地銀は、隣接する他府県への店舗展開を行い地元市場以外の相手と新たな競争に向かいます。この際に、新しい他府県での知名度の低さを補うために、低金利攻勢をかけることが多いのが現状です。これが追加的なレッドオーシャン化を加速させてきました。

こうした環境下で最も有効なのが、面での再編であるリージョナル・メガバンク化です。なお、持ち株会社のもとで再編各行を並列のまま存続させるか、経過措置終了後に合併させるかは、すでに述べたとおりブランディングなどの事情を総合的に勘案して判断すればいい問題だと思います。

リージョナル・メガバンク化のメリットは計り知れません。

第一に、長期的な視点から持続可能性を確保しやすくなります。過当競争は借り手に低金利調達という短期的な恩恵は与えられますが、地域の金融システムの安定性を考えれば長期的視点が限定的な恩典を大幅な上回る重要性があります。

第二に、地域における情報の量と質が向上する点です。地域における知見の深掘りや共有によって、事業継承やビジネスマッチングにつながるソリューション機能は高まります。地元中小企業など法人顧客にとって、こうした付加価値は安い借入金利とは比べものにならないくらい重要でしょう。

第三に、統合効果の顧客還元です。情報量だけではなく、ベストプラクティスの共有により、より低廉で質の高いサービスをそれぞれの顧客に提供することが可能になります。加えて、重複業務の削減によるコスト削減効果とシステム投資の最適化により、より多くを顧客サービスに注ぎ込むことができます。

第四に、ブランディング向上です。規模の大きな地銀に関しては既に一定のブランド力を備えていると思いますが、地域内再編や横展開を通じてブランド力を向上させることができます。

では次に、どういった再編が効果の高いリージョナル・メガバンク形成につながるかを考えましょう。端的にいえば、最も嫌いな相手同士の再編です。地元や近接する地域において営業上のライバル関係にある金融機関同士は、緊張感のある関係になりがちです。「○○銀行が住宅ローン金利を0・1%下げるキャンペーンを始めたから、こちらは0・2%下げる」などといった日常を送っていれば、そんな相手との経営統合などは論外だと考えるでしょう。

しかし、重要なのは地域コミュニティへのコミットメントと金融システムを預かる者としての持続可能性の担保です。感情に流されず、こだわりを捨てて、冷静な判断が重要です。

アメリカの銀行再編を見てください。ネーションズバンクがバンク・オブ・アメリカを買収したとき、強い立場にあるネーションズバンクは迷いなく自らのブランドを捨ててブランド力で上回ると判断したバンク・オブ・アメリカを新銀行名としました。ケミカルバンクがチェースマンハッタンを買収した時には、買収されたチェースを選択しケミカルの名称は消えましたし、さらにそのあとＪＰモルガンを買収した時にはそのブランドイメージの高さを評価して被買収会社であるＪＰモルガンを先に出すＪＰモルガンチェースが新社名となりました。

日本における企業再編での社名への経営陣のこだわりが強すぎる点が、合流する社名をつなげて長い社名にすることも多いですし、全く新しい社名を選択してブランディングで苦労することも少なくありません。メガバンクが出来上がる過程でも、日本語名と英語名における旧社名の順番をわざわざ入れ替える苦労も、こだわりへの象徴的事例といえましょう。

社名ばかりではありません。人事も大問題となります。２社合併の場合は社長と会長の椅子を分け合う、持ち株会社方式の場合は持ち株会社社長と主要銀行頭取の椅子をそれぞれが確保する人事が当たり前です。ＪＰモルガン・チェースがバンク・ワンを買収した時は、買収されたバンクワンのジェイミー・ダイモン氏がＣＥＯに選任されたことを思えば、わが国では誰のための再編かという疑問を持ってしまうのも当然だと思います。

銀行に限らず日本の多くの企業再編は、対等の精神や融和が優先視され、本来のミッションや価値を忘れがちです。これからの地銀再編は、より遠く遥かに50年先、１００年先を見据えた姿勢が大切になります。

再びリージョナル・メガバンクの実際に議論を戻しましょう。これまでの地銀の動向を踏まえて、リージョナル・メガバンクというカテゴリーに入っている、あるいは入る可能性の高いグループはどこでしょう。

誰もが認めると思われるのが、ふくおかフィナンシャルグループです。この持ち株会社は福岡銀行を中核として、熊本銀行（再編当時は熊本ファミリー銀行）と親和銀行をグループ化したものです。2019年には十八銀行が傘下に加わり、福岡、長崎、熊本県を中心に九州広域の銀行連合を構築しています。厳密には地理的に長崎県と福岡県の間に佐賀県があるため、面での展開という言い方には無理がありますが、九州という広大な市場の中で最大の存在感を見せていることは確かです。

次に同じ九州で鹿児島銀行と肥後銀行を抱える九州フィナンシャルグループが挙げられます。それぞれが鹿児島県と熊本県において4割以上（貸し出し）のシェアを有するトップ地銀であり、隣県地銀としてはしのぎを削ってきた競争相手でもあるので、経営統合の発表には正直驚きました。九州北部から西部にかけて勢力を拡大するふくおかＦＧに対しての意識もあると思いますが、面での展開のわかりやすいケースだと思います。

個人的な関心としては、佐賀銀行や宮崎銀行などがこれらの再編に加わるとさらに躍動感が増すと思います。勘定系システムの点からは、佐賀銀行は鹿児島銀行（九州FG）などと日本ユニシスをベンダーとする「BankVision」[8]に参加しています。市場的には、ふくおかFGの主要地盤に挟まれる競争環境にあるため、様々な可能性を秘めていると思います。一方で、宮崎銀行は鹿児島銀行と県境を越えての熾烈な競争環境にあります。面での再編によるメリットを考えるなら、佐賀銀行はふくおかFG、宮崎銀行は九州FGとの組み合わせが良さそうに見えますが、心理的ハードルは高そうです。

他方で、ふくおかFGと広島銀行との良好な関係はよく知られています。ふくおかFGの傘下銀行と広島銀行と共同システムを開発・運用してきたことがなによりの証です[9]。興味深いのは、福岡県と広島県の間に所在する山口県を地盤とする山口銀行です。同行はその持ち株会社である山口フィナンシャルグループ傘下のもみじ銀行や北九州銀行などとともに、福岡銀行および広島銀行と日常的にしのぎを削っています。ふくおかFGが山口FGや広島銀行と合流するようなことがあれば、日本を代表するリージョナル・メガバンクが誕生しますが、こちらのほうが心理的ハードルは高そうです。

関西に目を移すと、りそなホールディングス傘下で中間持ち株会社の役割を担う関西みらいフィナンシャルグループがあります。もともとは、旧あさひ銀行と旧大和銀行を母体としながらも、他行も加わりやすいプラットフォームとして設計されていましたが、スーパーリージョナル・バンクへの道は簡単ではありませんでした。しかし、関西アーバン銀行とみなと銀行を抱えてきた三井住友銀行（三井住友フィナンシャルグループ）の地域戦略の延長線上で合意が取り付けられ、関西圏での合従連衡が出来上がりました。関西アーバン銀行とりそなホールディングス傘下にあった近畿大阪銀行の合併により誕生した関西みらい銀行と、みなと銀行が関西みらいＦＧのもとで再編を遂げて京阪神滋奈をカバーする地銀グループとなりました。残念ながら、兵庫は但馬銀行、京都は京都銀行、奈良は南都銀行、滋賀は滋賀銀行がトップシェアを誇り、大阪は群雄割拠する市場であることから、面での覇権を握るには至っていません。

最後に北越地域です。新潟県を代表する２つの地銀である第四銀行と北越銀行の経営統合も、それぞれに新潟市と長岡市という中心地盤は異なるものの、地域市場では緊張感のあるライバル関係にあった銀行だけに、大きな意味を持った再編です。こちらの統合形態は、持ち株会社の説明のところで述べましたが、持ち株会社である第四北越フィナンシャルグループの傘下に2行が収まったあとに２０２1年における合併を行う経過措置型の再編です。こちらは、強みを持つ地域市場が1県に留まるなど、リージョナル・メガバンクと呼ぶには早いと思いますが、面での覇権の初期段階の目的は果たせるポジションにあります。

機能の統合による緩やかな連合体を目指す「トランスリージョナル・バンク」

次に機能での再編を念頭に地域的近接性はなくともシステムや管理業務などの一元化を前提としたモデルであるトランスリージョナル・バンクについて述べたいと思います。リージョナル・メガバンクとの違いは、地域的な隣接性・連続性が希薄であること、物理的な距離よりもシステム的あるいは精神的親和性が高いことにあります。地域的求心力と機能的遠心力の差ともいえます。

かつては、北陸銀行と北海道銀行が経営統合し、ほくほくフィナンシャルグループを形成した時に、遠隔地銀同士の再編ということで話題になりましたが、再編後15年余りを経過しシステム共同化と財務基盤安定化という成果が得られました。しかし、商圏が隔絶されていることもあり、店舗等の改廃など通常の再編で真っ先に得られるコスト削減効果が限定的な上、地域市場での覇権も得られにくいなど難点が目につきます。

しかし、私はトランスリージョナル・バンクも今後有力な選択肢になりうると考えています。地銀はいわば「一国一城の主」的な高みのポジションにいる割には、大手銀行と比べて経営規模の制約もあり、多額のシステム投資、フィンテックに代表されるテクノロジーへの対応、証券業務、資産運用業務、信託業務、海外進出支援などの業務・機能面では十分な経営資源に恵まれているとはいえません。これらに加えて、マネーロンダリング対応など収益につながらないコスト負担ばかりが増えている状況です。そのため、複数の地銀が手を組んで共通の機能を確保するのは極めて経済合理的なことです。

とはいえ、それを誘因として資本を含めた議論に発展させるまでのハードルは低くないため、提携に留まることは多いと思います。このため、図表3－4でご覧いただけるよう、数々のシステム共同化のプロジェクトが立ち上げられて投資負担削減を伴う運用に貢献してきました。

この中で、システム共同化の連携関係からより広範囲な協働に発展したＴＳＵＢＡＳＡアライアンスのようなケースも興味深いと思います。この提携は、システム高度化に向けた「次世代金融サービスシステム研究会」が源流になっていて、２００８年から千葉銀行、中国銀行、第四銀行により「ＴＳＵＢＡＳＡ（翼）プロジェクト」を立ち上げて基幹システム共同化に向けて動き出しました。その後「ＴＳＵＢＡＳＡ金融システム高度化アライアンス」と改称しながらも、あくまでもシステムが主要テーマでした。そして、２０１８年にシステム開発や共同化にこだわらない意味合いを込めて「ＴＳＵＢＡＳＡアライアンス」としました。提携関係への参加行は拡大し、当初の3行に伊予銀行、東邦銀行、北洋銀行、武蔵野銀行、北越銀行、滋賀銀行、琉球銀行が加わり10行に上っています。当初の連携目的である「地域の持続的な成長や金融システムの高度化、参加行グループの企業価値の増大に資する連携施策の立案・推進」に加えて、「参加行のトップライン増強、コスト削減に寄与する施策の立案・推進」が掲げられ、これまでにもバックヤード業務の共同化などのコスト削減ばかりでなく、アプリ開発などビジネス推進の施策が進められてきました。

最近では横浜銀行と千葉銀行による千葉・横浜パートナーシップがスタートし、首都圏の競争相手同士が手を組む提携に驚かれた方も少なくないと思います。この提携戦略については次章でも述べますが、法人分野におけるシンジケートローン共同組成、個人分野における運用商品開発から地域活性化プロジェクトや人材育成に至るまで幅広く網羅されています。まだまだ、緒に就いたばかりで成果を評価する状況ではありませんが、ライバル行同士の提携の成否は今後の他地銀へ影響するものと見込まれます。

提携は再編に比べハードルも低く、時間を買う選択としては有効です。そして、経営統合を伴わずとも投資・コスト負担軽減や相互の顧客交流を通じての営業上の協働も着実に進められていることも事実です。ですから、持ち株会社による資本の統合までは不要と考

参加銀行				
七十七銀行	横浜銀行	北陸銀行	東日本銀行	
第四銀行 （東邦銀行）	中国銀行 （北洋銀行）	（北越銀行） （武蔵野銀行）	 （滋賀銀行）	
筑波銀行	武蔵野銀行	八十二銀行	阿波銀行	宮崎銀行
岩手銀行 池田泉州銀行 愛知銀行	秋田銀行 鳥取銀行 （北越銀行）	足利銀行 山陰合同銀行	千葉興業銀行 四国銀行	福井銀行 西日本シティ銀行
大垣共立銀行 佐賀銀行	スルガ銀行 鹿児島銀行	百五銀行 （十八銀行）	北國銀行	紀陽銀行
足利銀行 もみじ銀行	十六銀行	南都銀行	百十四銀行	山口銀行
きらぼし銀行 長野銀行	富山銀行 福邦銀行	但馬銀行	仙台銀行	きらやか銀行
大東銀行 徳島大正銀行	栃木銀行 トマト銀行	大光銀行 香川銀行	静岡中央銀行 高知銀行	中京銀行
佐賀共栄銀行	長崎銀行	豊和銀行	宮崎太陽銀行	南日本銀行
福岡銀行	親和銀行	熊本銀行		
みなと銀行				
肥後銀行				
清水銀行	西京銀行			

図表3-4　主な地銀システム共同化プロジェクト

プロジェクト名	運営主体ベンダー	ハードウエア	
MEJAR	NTTデータ	富士通	北海道銀行
TSUBASAアライアンス (共同勘定系基盤への移行未了、ないしは予定なし)	日本IBM	日本IBM	千葉銀行 (伊予銀行)
じゅうだん会	日本IBM	日本IBM	山形銀行 琉球銀行
NTTデータ 地銀共同センター	NTTデータ	日立製作所	青森銀行 京都銀行 大分銀行
BankVision	日本ユニシス	日本ユニシス	山梨中央銀行 筑邦銀行
Chance 地銀共同化システム	日本IBM	日本IBM	常陽銀行 北九州銀行
STELLA CUBE	NTTデータ	日立製作所	東北銀行 神奈川銀行
NEXTBASE	日立製作所	日立製作所	北日本銀行 第三銀行
システムバンキング 九州共同センター	NTTデータ	日立製作所	福岡中央銀行 沖縄海邦銀行
広銀・FFG共同システム	日本IBM	日本IBM	広島銀行
りそな共同システム	NTTデータ	日本IBM	関西みらい銀行
NEXTSCOPE	日立製作所	日立製作所	みちのく銀行
PROBANK	富士通	富士通	東邦銀行

注1：十八銀行は合併により親和銀行のシステムへ、北越銀行は合併により第四銀行のシステムへ。
注2：TSUBASAアライアンスは勘定系システム共同化にこだわらない緩やかな連携を目指している。
出所：各銀行ならびにベンダー公表資料に基づき筆者作成

える地銀経営者が多いのではと思います。

しかしながら、ビジネスマッチングをはじめとする顧客情報の共有には様々な障害があるほか、資本関係のない同士での営業戦略や戦術の相互活用に踏み込むには、信頼関係はもとより大英断が求められます。それだけ「一国一城の主」同士の戦略的提携は難しいと思います。

私は、ＴＳＵＢＡＳＡアライアンスは将来的にトランスリージョナル・バンクのプラットフォームに発展しうるものと考えます。また、千葉・横浜パートナーシップもリージョナル・メガバンクの潜在性を十分に秘めていると思います。包括的提携という「第０・５の道」の向こうに第１の道が開けているかどうかは、今後の経営環境に大きく依存すると思いますし、適者生存を問われる状態となればその可能性は高まると思います。

リージョナル・メガバンクとトランスリージョナル・バンクのどちらがいいか

第１の道の最後に、どういった再編が効果的かについて補足したいと思います。この点を考える上では、１９９０年以降に１万件の銀行再編を遂げたアメリカの事例は参考になると思います。

図表3-5　アメリカの預金取扱い金融機関数の推移

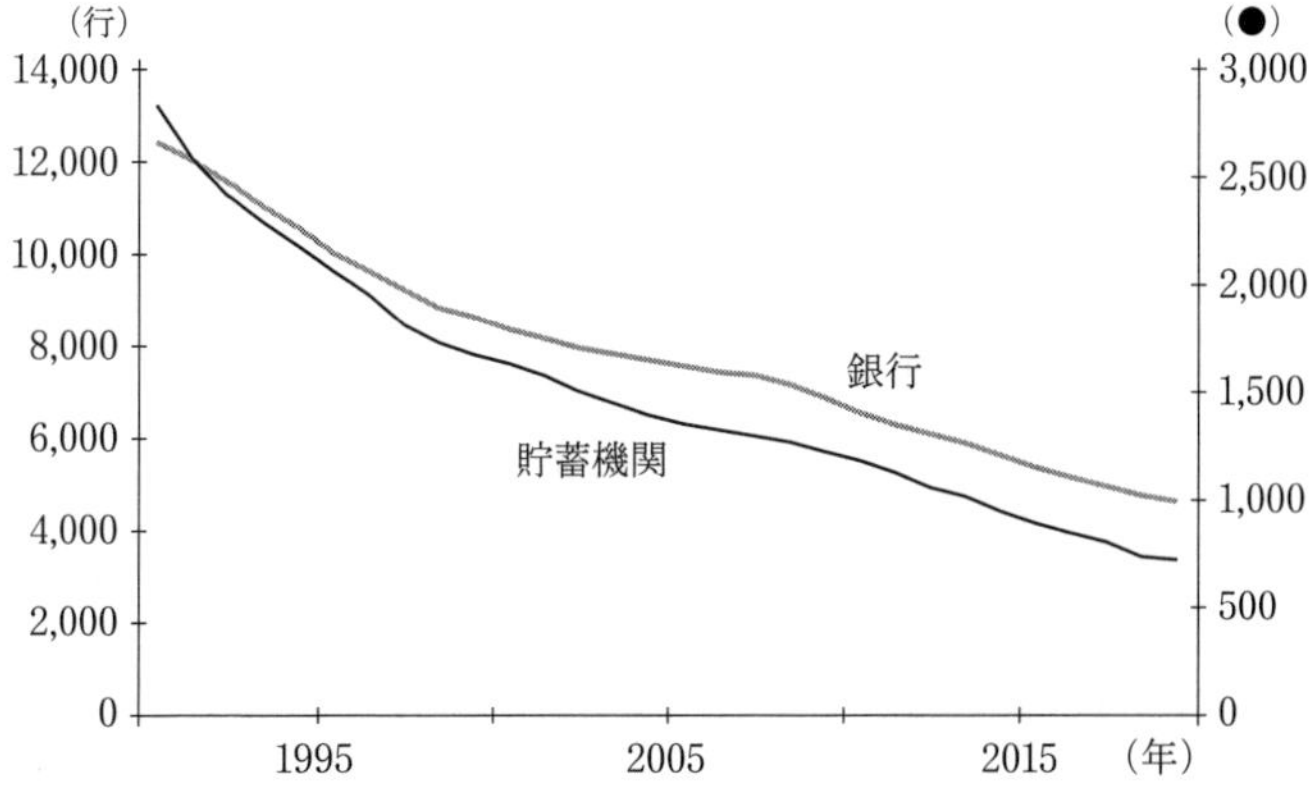

出所：FDIC統計に基づき筆者

まず、銀行と貯蓄機関の数がどのように推移してきたかを図表３－５で見てみましょう。１９９０年から２０２０年までの30年間で、銀行数は63％、貯蓄機関は76％もそれぞれ減少しています。日本の預金取扱い金融機関数は同期間に50％減少（銀行は26％減少）していますから、アメリカでの減少幅の大きさは相当のものです。

この減少には破たんによる消滅も含まれていますが、多くの場合は合併や買収によるものです。この30年間における銀行の合併件数は９８７３件、貯蓄機関は１７６５件に上ります（図表３－６）。

銀行合併の大宗を占めるのが、同じ地域や近接する地域における再編です。これには合理性があります。ニューヨーク市立大

図表3-6　アメリカの預金取扱い金融機関の合併件数の推移

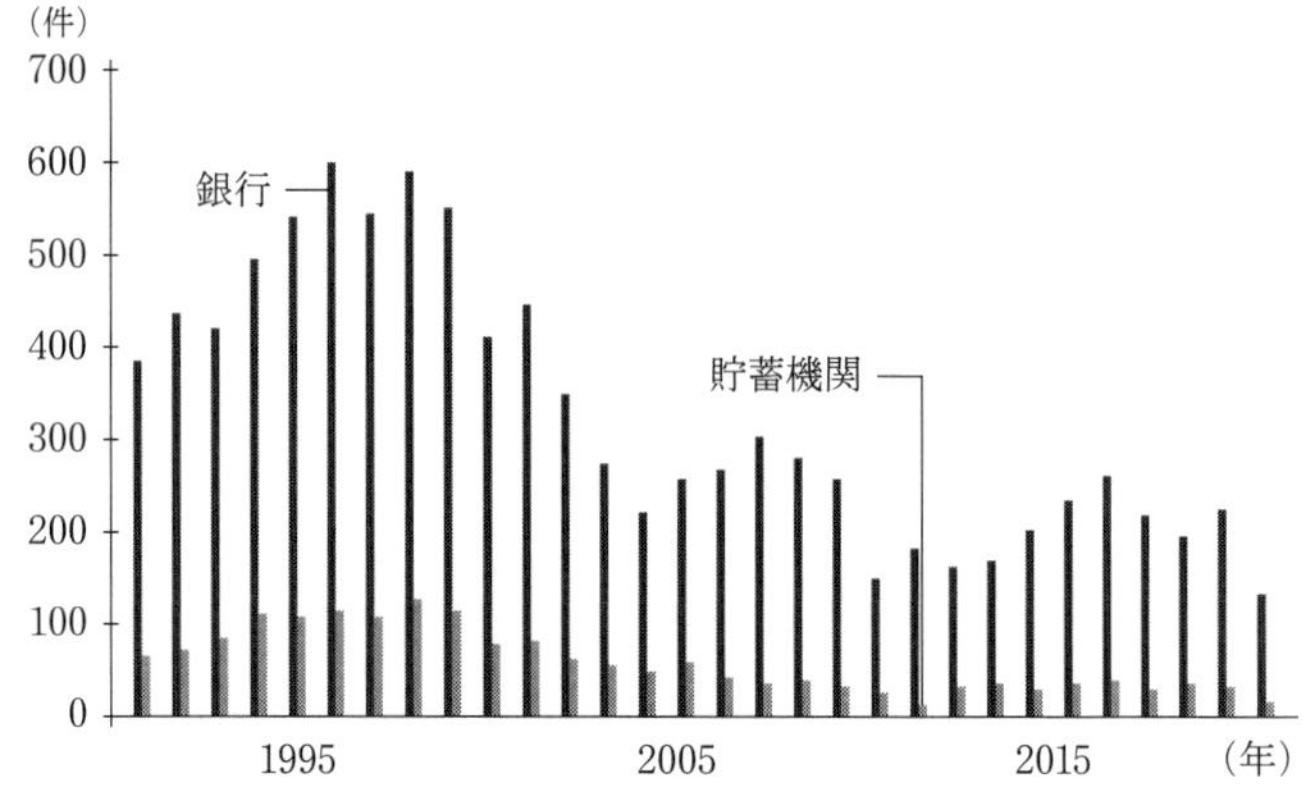

出所：FDIC統計に基づき筆者作成

学のゲイル・デロン氏によれば、銀行の合併・買収時における株価騰落率で特徴的な動きがあるということです[10]。

デロン氏は、アメリカにおける銀行再編を①地域集中・業務集中、②地域拡大・業務集中、③地域集中・業務拡大、④地域拡大・業務拡大の4つの種類に分けた上で、それぞれのケースにおける株価の変化について分析しました。地域集中とは同じ地域市場内での再編で、地域拡大は異なる地域市場を持つ銀行間の再編です。業務集中とは再編により銀行が有する機能が増えないことを指し、業務拡大は再編で証券業務や資産運用などの機能が増えることを指します。

それぞれのケースにおける株価の超過収

図表3-7　アメリカにおける銀行再編発表時の株価平均超過収益率

	買収銀行	被買収銀行	合算
地域集中・業務集中	0.65%	16.78%	4.35%
地域拡大・業務拡大	−1.16%	10.48%	−0.72%
地域集中・業務拡大	−4.04%	10.58%	1.30%
地域拡大・業務集中	−2.51%	14.70%	0.85%

出所：Delong（2003）

益率（株式市場の平均株価変化率に対してどの程度上回っているか）を図表3－7にまとめました。

ご覧のとおり、被買収銀行の株価の超過収益率が総じて高いわけですが、これは一般的な企業買収でも共通する現象で、需要と供給の関係からも株式を買われる方の株価が上昇するのは当然といえます。重要なのは、買収銀行と被買収銀行を総合したトータルとしての超過収益率の数字です。

明らかに地域集中・業務集中のケースが、抜きんでて高いパフォーマンスを示しています。つまり、アメリカにおける銀行再編のなかで、株式市場が最も高く評価する再編の形が地域や業務の拡大ではなく強化ということです。これはリージョナル・メガバンクのような形で地域市場での覇権を握ることの重要性を裏付ける、1つの証左といえるのではないかと思います。

アメリカの事例がそのまま日本にも当てはまるとは必ずしもいえないとは思いますが、地銀再編を検討する上では無視できない参考情報になると思います。

3．第2の道～プラットフォーマーによるグループ形成

SBI「第4のメガバンク」構想

地銀再編の台風の目として捉えられているのが、SBIホールディングス（以下、SBI）です。同社は直接・間接的な地銀への投資を活発化しています。2019年9月に島根銀行との資本提携を発表して以降、福島銀行、筑邦銀行、清水銀行と矢継ぎ早に戦略的資本提携が発表されました。資本提携の方法や持ち分はそれぞれの銀行ごとに違いはありますが、いずれもSBIが掲げる「第4のメガバンク構想」に沿ったものです。

島根銀行については、SBIとSBIアセットマネジメントが運用するSBI地域銀行価値創造ファンドが合計25億円で普通株式と優先株式による増資を引き受けて、34％の普通株式持ち分を取得しました。次に福島銀行についてもSBIとファンドから11億円強を投じて増資に応え、19％強の持ち分を取得しています。そして、筑邦銀行と清水銀行は増資ではなく市場からSBIが最大3％程度の持ち分を買い取る形となっています。いずれ

の銀行も経営規模が小さく、投資額もＳＢＩの経営規模にとっては少額ではありますが、同社社長の北尾吉孝氏が様々なメディアを通じて10行以上への資本参加の見通しを語っています。

お金を出すことが目的ではなく、従来から行ってきたＳＢＩと地銀との連携の深掘りが狙いで、各銀行の発表内容に基づくと大きく分けて４つの取組みがあります。第一に地域経済活性化で、地域通貨発行、起業支援、フィンテックなどベンチャーとのビジネスマッチング、地元商品の国内外への販路拡大などが含まれます。第二に商品・サービスの充実で、ＳＢＩマネープラザとの共同店舗展開、ＳＢＩ証券との金融商品仲介サービス強化や事業継承の支援が挙げられています。第三にデジタル化推進で、ＡＰＩ戦略支援、ＳＢＩ投資先企業などが提供する技術導入などＳＢＩが最も得意とする提携が入ります。そして第四に銀行自身の運用高度化で、ＳＢＩグループへの運用委託などが見込まれています。また、これらのほかにもロボティクスによる業務効率化や遊休不動産の活用などが入ってくるでしょう。

とはいえ、これまでの傘下銀行の顔ぶれから「メガバンクといえるか？」という声もありますが、私は総資産や資金量などの従来型の尺度ではなく、金融業界や経済における存在感や存在意義の視点からのメガバンクを目指しているものと解釈しています。

地銀との共創を掲げるＳＢＩ

現在のところはＳＢＩ本体とファンドを通じた投資となっていますが、将来的には持株会社を立ち上げて、多くの地銀に参加を呼びかけていく形が想定されます。この構想のもととなるアイデアは、従来からＳＢＩが地銀と連携して行っている地方創生を理念とする金融サービスの提供からスタートしているものと考えられます。

最も浸透しているのがＳＢＩ証券を通じた金融仲介サービスでの連携です。すでに約40行以上と提携していて、同社子会社で金融商品の販売窓口となるＳＢＩマネープラザを地銀店舗に出店するパターンも増えています。

次に資産運用への対応で、ＳＢＩと地銀等が共同で出資したＳＢＩ地方創生アセットマネジメントが地銀顧客からの預かり資産ばかりでなく銀行の余剰資金運用も行ってきました。

さらに、フィンテックなどテクノロジー支援も多岐にわたり、SBI FinTech

Incubation[11]がフィンテック分野のサービス等の導入支援を行っています。また、今後についてもＡＩ、ビッグデータ解析など銀行の与信業務にも直結する技術支援、マネーロンダリング関連支援などが充実する見通しです。

ＳＢＩにデジタリゼーションの解を求めるのは地銀ばかりではない

資本提携、業務提携を通じてＳＢＩにデジタリゼーションの将来をシェアしようとしているのは、なにも地銀だけではありません。２０２０年４月には、三井住友フィナンシャルグループが、ＳＢＩホールディングスを中核とするＳＢＩグループ各社と協働する事業展開の合意が発表されました。合意内容は、資本提携から個別業務の提携に至る細目までがカバーされており、フィンテックの重要性を理解する両グループの将来展望が一致したことを意味しているものと理解できます。

協働分野としては、証券業務を中心としながらも地方創生にまで及んでいる一方で、関係強化への意思を表すものとして両グループの資本関係を結ぶ見通しが示されています。

証券関連は、非対面と対面のそれぞれの営業に関するものと、バックオフィス共同化などかなり踏み込んだ内容となっています。非対面営業でいえば、三井住友フィナンシャルグループ（実際は三井住友銀行グループ）がＳＢＩ証券傘下のデジタル証券子会社であるＳＢＩネオモバイル証券へ20％の資本参加を行うとともに、スマホになじんだ若い世代を中心に投資初心者層向けの金融サービス提供を行う見通しです。同時に、両グループの幅広い顧客基盤や金融商品・サービスの活用を通じて、個人資産形成における相互協力を行っていくとのことです。

両グループの中核証券会社であるＳＭＢＣ日興証券とＳＢＩ証券の間でも、営業からインフラに至る幅広い範囲での連携が予定されています。ＳＭＢＣ日興証券がＳＢＩ証券子会社であるＳＢＩマネープラザの株式を取得するとともに、この両者が協力して地銀等の対面営業型の証券ビジネス提供を進める検討に入っています。また、それぞれのシステム子会社における提携を模索、証券システムの内製化・共通化に向けた検討に入っています。これが実を結べば、証券事務の共通化を含むバックオフィス効率化にすることに発展します。

これらに加えて、三井住友フィナンシャルグループが、フィンテック向け投資で先駆的な試みを続けてきたＳＢＩインベストメントが今後立ち上げる新設ファンドへの出資、ＡＩやブロックチェーン等に関連する内外スタートアップ企業向けのベンチャーキャピタルファンドにも出資しつつ、出資先ベンチャー企業との連携を図り、デジタル戦略につなげていく構えです。

三井住友フィナンシャルグループは、日本の銀行の中でもフィンテックなど先端分野について先進的な取り組みを続けてきた金融グループですが、ＳＢＩがこれまで育んできた現段階で活用可能なテクノロジーと今後飛躍的な発展が期待できる分野における研究開発、ならびにスタートアップ支援の実績に高い評価を与えた結果が、このような広範囲かつ踏み込んだ提携に及んだ一因だと考えられます。その意味で、ＳＢＩを台風の目として、必要に応じて三井住友フィナンシャルグループのようなメガバンクを巻き込んだ地銀の展開が期待できるでしょう。

ただし、筆者の私見としては、メガバンクのカラーが濃い枠組みでの再編等の枠組みは少なからず地銀が敬遠するところでもあり、これらふたつのグループの地銀との関連性については、証券仲介等の特定された業務分野に留まるのではないかと思います。

第４のメガバンクの先にあるもの

では、こうした資本提携がＳＢＩにとって金融投資なのか戦略投資なのかという部分について、疑問は残ります。

金融投資であれば、地銀への投資後にその地銀のウィークポイントを徹底的に解消するとともに、最先端のテクノロジーを注入してフィンテックにも強い銀行に仕立て上げてから、株式を売却することになるでしょう。つまり、「地銀の再生工場」として機能し、投資先地銀のバリューを引き上げた上でエグジット（＝売却）するということです。

一方で戦略投資であれば、共同持ち株会社が投資先地銀の株式を保有し続け、必要に応じて傘下銀行間の合併を手掛けながら、グループ総体としてのバリューを拡大していくイメージです。

第4のメガバンクという言葉から連想するのは、後者の戦略投資です。ただ、ＳＢＩの北尾社長はフロービジネスの代表である証券業界でキャリアの多くを積んできただけに、多様な進路がありえそうで予断は難しそうです。

第2の道の実効性

第2の道は、ＳＢＩの第4のメガバンク構想のように銀行以外の業態など提供するプラットフォームの活用です。

ＳＢＩは自らが抱える付加価値を「地域金融機関との共創」に活用し、これを通じて地方創生につなげたいという理念を掲げています。経営ビジョンの一環として社会貢献を掲げるのはわかりますが、美しい表現だけで持続可能なモデルを構築することはできません。

資本提携のリリースで述べられているような連携を行っていくことはもちろん重要ですが、方法論がより重要だと私は思います。テクノロジーや運用手段などの品ぞろえを示した上で、提携地銀の判断や選択に委ねる形、つまり受け身で取り組むこととなれば、残念ながら目覚ましい改善は期待できません。ＳＢＩが遠慮することなくハンズオンで地銀の経営内部に踏み込む覚悟が、ＳＢＩと銀行双方に必要だと考えます。したがって、オートノミー（地銀の自治権）とガバナンスのバランスが重要で、特に初期段階においてガバナンスを働かせ銀行の問題点をあぶり出すことが肝要です。

資本支援と提携事業の増加程度では、「助け舟」という評価が定着しかねません。短期間でピカピカの銀行に仕立て上げることで、手を挙げる銀行の質も量も増えていくのではないかと思います。

これは、ＳＢＩの構想に限った話ではなく、今後現れうる地銀のプラットフォーマーに共通する課題です。逆に言えば、地銀自らが外からの目で客観的にＳＷＯＴ（強み、弱み、機会、脅威）をマクロレベル、ミクロレベルで行ってもらい、それまでの常識を排除する覚悟を持つことが大切だということです。

幅広い業種のプレーヤーが、実効性と持続可能性を備えたプラットフォームをいかに築き上げられるかは、技術力などのリソースも重要な要素ではありますが、その点が成功のカギとなるでしょう。

第2の道が王道となるか消え去るかは、再編プラットフォームを運営する主体と参加する地銀双方の姿勢で決まります。

4．第3の道～リージョナル・デジタルバンクと発展的ガラパゴス銀行

経営規模のダウンサイジングが条件

これまで再編を中心に述べてきました。この中には、即座に経営統合へと進むのではなく、スピーディーな対応が可能な業務提携を経ながら、将来的には再編への道も否定できないケースも含みます。しかし、再編のみが生き残りの道で単独では持続可能性が担保できないということを示しているわけではありません。最後に示す第3の道は、再編に頼らない独立路線です。

しかし、これには適正な経営規模という条件が付きます。現在、大手銀行と地域銀行を問わず、貸出ニーズを大きく上回る預金を抱えている状況です。一般企業であれば、資産の売却により経営規模をコントロールすることは可能です。しかし、銀行は原則として半ば受動的に受け入れている預金が経営規模を決めてしまいます。例えば銀行が資産を売却しても、そこで得たキャッシュを負債である預金の返済に使えないため、バランスシートの規模は変わりません。

ただ、現在の金利環境が続く限りは、この資産・負債のバランスでは収益性はジリ貧になるばかりです。そこで、大胆なダウンサイジングを、能動的に行うことが重要になります。この条件の充足を前提として、次の2つの生き方を提案したいと思います。両方ともやや極端であると思われるかもしれませんが、適者生存第2期を展望する上では、このような大胆な経営戦略の転換が必要ではないかと思います。

地域発のデジタルバンク

1つは先鋭的ビジネスモデルへの変身で、ＢａａＳ（Banking as a Service）、つまり銀行が提供できる商品・サービスからではなく、顧客が必要なものをテクノロジーの力を借りて実現する低コストバンキングの実現を念頭に置いています。

店舗の大胆な削減で物件費も人件費も減ります。通帳も廃止し、ATMにおける硬貨扱いもなくすことで、ATMの設置コストと運営コストは大幅に削減されます。ペーパーレスが徹底されロボティックスによる事務処理が進みコスト構造は大幅な軽量化を果たします。システムもクラウド化が進み、開発コストも運用コストも減少します。

こうして捻出された利益を、デジタルバンキングにおける顧客還元に活用します。また、地域性を活かしてコミュニティとの連携を図りながら独自のエコシステム、つまり地域内における金融・経済・社会システムの循環系を構築します。

通常のデジタルバンクとの違いは、地域性の濃さです。地域通貨やポイントなどの活用はもちろんのこと、GPS活用によるクーポン発信など商店街やコミュニティ独自のサービスを提供することで地域性の高いリージョナル・デジタルバンキングを展開するものです。銀行サービスと非金融サービスそれぞれをゲートウエイとする双方向の誘導をユーザーに対して行うことで、ユーザーにとっての利便性の向上と銀行ならびに地域ビジネスそれぞれの繁栄につながる設計とします。

デジタルバンクは個人向けには有効ですが、一般法人向けビジネスには不向きだという点もある程度はネット上のサービス・プロバイダーとの連携で補完できます。例えば、クラウド会計ソフトサービスなど中小零細企業や個人ビジネスを廉価で支えるｆｒｅｅ株式会社とのパートナーシップを結ぶことで企業ユーザーにとっての利便性と銀行にとっての効率性が共に向上するケースが出始めています。同社はすでに、三菱ＵＦＪ銀行、みずほ銀行、りそな銀行などの大手銀行、千葉銀行、広島銀行、北國銀行、鳥取銀行、北海道銀行、秋田銀行、武蔵野銀行、名古屋銀行、ふくおかフィナンシャルグループなどの地銀をはじめとする金融機関と提携関係にあります。ユーザー企業がｆｒｅｅのサービスを受ける一環で用意される財務諸表から資金繰りに至るデータに基づき、煩雑な手続きなくストレスフリーな貸し出しにつながることができます。

しかし、中堅中小企業以上の法人取引はもちろん、零細・個人に係る取引もフェイス・トゥ・フェイスのやり取りは引き続き重要です。このため、デジタル化で余裕の出た人的資源をこうした活動に振り向けることで取引の深耕と与信に重要な定性情報の獲得につなげるのです。

発展的ガラパゴス化と事業先鋭化

もう一つの選択肢は、伝統的コミュニティバンキングへの回帰です。まさにデジタルバンキングの対極をなします。やや自虐的な響きがありますが、本書では「発展的ガラパゴス銀行」という表現を用いています。デジタル化を否定するわけではなりませんが、地域での人と人とのつながりを重要視し、小粒ながらもピリリとスパイスの利いたモデルを提案します。ここでは、イギリスで現存するブティックバンクをひとつの手本として紹介します。

なお、第2の道で取り上げたリージョナル・メガバンクのモデルと、第3の道で取り上げた発展的ガラパゴス銀行とは、アメリカにおける地域金融の発展経路が参考になります。アメリカでは、地域における再編を重ねて巨大化した銀行と、経営規模の極めて小さいコミュニティバンクに二極化しています。これが意味するところを考えながら、それぞれの妥当性について議論したいと思います。

顧客みんながデジタルな方向へのサービス展開を望んでいるわけではないと思います。100年後も通帳と現金決済を望む人もいるかもしれません。機械ではなく、人によるフェース・トゥ・フェースの温かみがあるサービス提供を行うという発展的ガラパゴス化の道も排除すべきではないと思うのです。

日本の銀行の特徴は、顧客の切り捨てができないことにあるのではないかと思います。スマートフォンの中で銀行取引を完結したい人も、通帳を家計簿代わりに使いたい人も多彩なニーズに対応しているのが日本の銀行のいいところでもあり、悪いところでもあります。古い仕組みを継続させながら、新しく先進的な仕組みと取り入れようとすれば、高コスト構造になってしまいます。あるいは、先進的サービス提供を行うための投資ができない場合も考えられます。

デジタル・デバイドという言葉がありますが、デジタルリテラシーの上澄みと底の階層とは銀行への要求水準も形も異なります。このため、前出のデジタルバンクと今回のガラパゴスバンクとの分岐が起きてもいいと思うのです。では次に、持続可能性を体現しているイギリスのホーア銀行について照会しましょう。

仏教経済学の哲学を貫く

ロンドンに、C・ホーア&カンパニー（以下「ホーア銀行」）という小規模の銀行があります。ホーア銀行の創業は1672年とかなりの老舗で、日本では江戸幕府第4代将軍徳川家綱の時代です。この銀行は設立以来一貫して非上場を続け、創業家であるホーア家が株主として君臨し続けています。また、経営者もホーア一族が占めており、例外的に2006年に初めてファミリー外の会長が就任しました。

当期利益は40億円弱（2019年3月期2576万ポンド）、総資産6850億円（2019年3月末48億ポンド）、従業員数は411名（2019年3月末）と経営規模は小さく、日本の第二地銀程度の利益の大きさを持った銀行です。財務体質は、中核自己資本比率（普通株ティアI比率）がコンスタントに20％を超えている（2019年3月末22・4％）ことからも明らかなとおり高い健全性を示しています。

ホーア銀行の特徴を最もよく表しているのは顧客数で、過去100年近く1万人程度を維持しています。このことからも、無理をした顧客基盤の拡大を行っていないことがわかります。規模拡大や利益成長を貪欲に行う他の欧米行とは全く異質な存在といえましょう。

仏教思想に基づく経営哲学

創業家が経営を担い続けてきたこと、特にガバナンスの基盤となる取締役会のメンバー11名中5名をホーア・ファミリーが占めていることなどを聞くと、ガバナンス構造が脆弱で規律付けができているか不安に思われるかもしれません。しかし、リーマンショックの際にも経営状態は盤石であったことなどからわかるように、経営陣の暴走による経営の危機などとは無縁であったことが認識できると思います。

ホーア銀行の経営理念としては創業以来、利益追求より安定性を最優先としてきましたが、1980年代以降は仏教経済学が世に出てからこの基本思想をホーア銀行が一貫して有すべき経営哲学としています。

キリスト教が信教の大部分を占めているイギリスにおいて、仏教を銀行経営に反映させることは大きな覚悟が必要だったと思いますが、銀行のあるべき姿と持続可能性を考えた場合に最もふさわしい考え方と認めた結果です。この経営哲学に基づく経営方針は「共感」「社会的責任」「誠実・正直」「質の高さ」の4点で、この方針に基づいて6つの特色ある経営スタイルを取っています。

第一に、規模を追わず取引の質を大切にしていることです。規模の経済を経営的に信じていないこともありますが、規模の追求はふくらんでいく社員間の競争をあおり、文化の衝突をあちこちで生じさせることとなると考えているようです。

第二に、従業員に徹底しているのが、顧客との関係性、柔軟性・機動性、対応の充実、スピード、独立性などです。このため、個性までを含めて顧客一人ひとりを細密に知ることができる範囲内でしか、顧客を増やさないという戦略に立てばこそのホーアの顧客基盤一定という特色につながっています。蛇足ですが、同社の判断スピードは24時間以内としていて、常に属人化したサービスの提供が可能ということです。

第三に、利益極大化ではなく、質の極大化とリスクの極小化を目指していることです。所有と経営が分離していないことにより、外部株主からの利益追求に向けた圧力を受けないことがこれを可能にしているといえます。

第四に、商品ラインナップです。ホーア銀行が顧客に供給する商品は、すべての社員が完璧に商品特性（リスク特性やリスクリターン・プロファイルなど）を理解しているものに限定するというものです。デリバティブにより複雑化した仕組み商品などは高い手数料を獲得できますが、顧客本位という発想のもとこうした商品は取り扱わないのです。

第五に、積極的な地域貢献です。同社は「黄金の瓶」と命名した慈善信託を設定し、さまざまな慈善事業を展開しています。地域に対しては、学校や病院などの建設を行ってきました。「稼いだものを与えよ」をこうした活動の精神としています。

第六に、価値観を共有する従業員の確保です。質の高い従業員といった場合、ゴールドマンサックスのような一流投資銀行で輝きを放ちたいと考える人もいれば、金銭以外に仕事の価値を見出す人もいることでしょう。同社では親の代や祖父母の代から同社で働いている従業員も多く、従業員・顧客・株主（＝経営者）へのバランスをしっかりと考えた経営が、従業員の定着を促し社風に合った質の高い人材を生み出すこととなっています。

利益や量的拡大に奔走する銀行とは一線を画し、３００年以上同じ形態と規模の銀行業を営み、成長より質の安定と持続可能性を求めた結果、リーマンショックなどの金融危機は無傷でやり過ごすことができています。経営が長期間安定的に維持されている条件は、株主と経営陣が共に利益成長より持続的安定性、量的拡大より質的充実を求めていたことといえます。

発展的ガラパゴス銀行という一見ネガティブな表現を使いましたが、持続可能性の基本が安定し密着度の高い、そして従業員間の無用な競争をあおらない経営にあるという意味では、ホーア銀行にそのヒントを見出すことができると思います。

【注】

1　銀行持ち株会社の業務範囲は「子会社の経営管理ならびにこれに附帯する事項」（銀行法第52条の21）に限られました。

2　改正骨子としては、①グループ経営管理に関する機能の明確化、②銀行持ち株会社自らによるグループ会社に共通する業務の執行、③傘下子会社への業務集約の容易化、④グループ内の資金融通の容易化、などがあり、なかでも持ち株会社あるいは傘下子会社への事務・システム運用などの集中による一元管理が行いやすくなった点が大きいです。

3　ノースキャロライナ・ナショナルバンク（North Carolina National Bank）などが核とな

って１９９１年に３行大同合併してできたネーションズバンク（NationsBank）は、１９９８年にバンク・オブ・アメリカ（Bank of America）を買収してマネーセンターバンクにのし上がりました。

4　オハイオの地銀であったシティ・ナショナルバンク（City National Bank）が、１９８０～90年代にかけて近隣州の有力地銀の買収を次々に行い、バンクワン・コーポレーション（Bank One Corporation）は全米第６位の大銀行となりましたが、その後ＪＰモルガン・チェースに買収されました。なお、全米を代表する銀行トップとしても名高いジェイミー・ダイモン（James Dimon）氏はバンク・ワンから登用された人物です。

5　マクファーデン法（McFadden Act of 1927）はそれ以前の国法銀行の店舗展開に対する規制を緩和する目的で州当局に権限を与える法律でしたが、銀行の越境展開の困難を象徴する存在となりました。

6　リーグル・ニール法（Riegle-Neal Interstate Banking and Branching Efficiency Act of 1994）成立により、州外の銀行との合併が財務的な条件を充足すれば自由となりました。

7　グラム・リーチ・ブライリー法（Gramm-Leach-Bliley Act）は、商業銀行の雄であったシティコープ（Citicorp）と保険・証券の巨人であるトラベラーズ・グループ（Travelers Group）の経営統合発表にクリントン政権が背中を押される形で成案しました。

8　十八銀行（ふくおかＦＧ）もBankVision参加行ですが、親和銀行との合併を機に親和銀行のシステムへ移行します。

9　広銀・ＦＦＧ共同システム（日本ＩＢＭ）。

10　Gayle DeLong (2003), "Does Long-Term Performance of Mergers Match Market Expectations? Evidence from the US Banking Industry", Financial Management Vol. 32, No. 2 (Summer, 2003), pp. 5-25

11　ＳＢＩ、日本アイ・ビー・エム株式会社、ソフトバンクグループ株式会社、凸版印刷株式会社による合弁事業。

第4章

持続可能な地域金融

心理学や行動経済学の分野で、「現状維持バイアス」と「認知的不協和」という言葉があります。いずれも、仕事上や日常生活を送る中でどんな人も経験したことのある落とし穴です。簡単にいえば、現状維持バイアスは変わるための行動を起こすべき状況であっても、現状の心地よさから離れられないことです。そして、認知的不協和は自分が下した判断が間違っているためにそれを認めて正さなければならなくても、意識的にあるいは無意識に適切な認識を避けてしまうことを指します。人は変化を嫌う「現状維持バイアス」にとらわれ、不都合な現実に直面しても「認知的不協和」の中の作用により現状にとどまることを（詭弁を弄してでも）正当化してしまいがちなのです。

環境変化の多い状況においては、こうした心理的バイアスを受けやすくなり適切な判断や行動から遠ざかる傾向が強まるそうです。確かに、不確実性が高まれば事前の想定を覆す事態や想像も及ばない環境に立たされやすいですから、不都合な現実に直面しやすくなるのも無理はありません。

第1章で異なる環境変化のテーマを伴う大周期の話をしました。不都合な真実を真摯に受け止めず、過去からの延長線上でものごとを考えたために自然淘汰されてしまった例も取り上げ、現状分析を冷静に行った上で果断な行動を取ることの重要性をお話ししました。

第2章でも述べたとおり、フィンテックから生まれる脅威を短期的に過剰に恐れる必要はありません。銀行不要論にも耳を貸す必要はありません。しかし、ゆっくりと進む構造変化をつぶさに観察しながら、地銀として果たすべき役割の変化についてもゼロベースで考えていく必要があります。そのためのインフラ的な手当てとして再編や提携などの連合体を組織することは有用です。

もちろん、第3章で議論したとおり各銀行に適した再編の形もありますし、性急に組織的負荷をかけるよりは即効性の高い提携を入り口にすることもあると思います。大胆な再編や経営モデルの変革は、大きなストレスがかかり、多大なエネルギーを必要とします。しかし、経営陣ばかりでなく行員が危機感を共有しながら、持続可能性への道を見定めて荒野を切り拓いていく覚悟とエネルギーがあれば、未来に輝きを取り戻すことも可能です。

本書の最後に、長期展望に基づいて現在の地銀役職員そして将来的に地銀でのキャリアを考えている皆さんに、生き残るために求められる気概を示すことができればと思います。

1．銀行経営陣からの視点

面での展開の評価

3つの道について私なりの分析や考え方をお話ししてきましたが、現場を預かる経営陣の皆さんにはそれぞれ異なった見方もあると思います。そこで、再編や提携の代表的なケースで重要な役割を果たされたトップの方々のご意見を伺いたいと思います。

まずは、地域市場における「面での再編」について考えてみましょう。同一地域における統合としては、親和銀行と十八銀行による長崎県を中心とした面での再編、第四銀行と北越銀行による新潟県を中心とした再編があります。また、近接する地域市場としては、鹿児島銀行と肥後銀行による鹿児島・熊本両県にまたがる再編が挙げられます。

この他、スピード感あふれる経営統合を実現させた関西みらいフィナンシャルグループについても、関西広域での面の再編が展開された例です。そこで、同社を傘下に抱えるりそなホールディングス会長の東和浩さんにお話を伺いました。

東会長によれば、経営統合で最も大変な仕事の1つがシステム統合ということで、関西

みらい銀行のシステム統合もかなりエネルギーと神経をつかったようです。しかし、驚くべきはその早さで、旧関西アーバン銀行と旧近畿大阪銀行の合併からわずか半年でシステムの完全統合を果たしました。[1]規模の差があるため単純比較はできないものの、みずほ銀行が20年近くをかけたことを考えると目を見張るものがあります。

私も銀行に在職した経験から、システム、店舗、人事は「もめごと」3要因だと思います。しかし、東会長によれば、システム運営に関して早期の段階で基本方針を決定したことが大きかったとのことです。

また、この統合では面白い逸話もありました。「銀行員は勘定が1円でも合わないと帰れない」という話を聞いたことのある読者も多いと思います。実は、りそな銀行は勘定集計を自動化してしまっているので、勘定が合わないという感覚がなくなってしまっているようです。これが午後5時までの営業を可能としているわけです。関西みらい銀行のシステム統合においては、りそな銀行等から１００名単位で応援部隊を送ったそうなのですが、この時に「勘定が合わない」という状況に接した人が少なからずいたようです。集計自動化は、関西みらい銀行にも導入されるので、こうした話も昔話になることでしょう。

しかし、これは経営再編効果の何よりの象徴ではないでしょうか。このほかにも、りそな銀行や関西みらいグループの銀行が共催する海外進出支援イベント、信託業務の提供など、様々な付加価値が再編から生まれている印象を、東会長の話から感じることができました。

さらに、もう1つのヒントを得ました。それは、ブランディングと経営統合の調和的な経営戦略のあり方です。銀行に限った話ではありませんが、会社同士の経営統合には社名などのブランドへのこだわりがあります。

どちらの名前を先にするかなどといった駆け引きから、強引に新しい名前にするなどに至るまで様々な問題が浮上しがちです。しかし、ブランドは供給者のためのものではありません。あくまで、需要者側の論理で考えるべき命題です。関西みらいフィナンシャルグループは、関西みらい銀行とみなと銀行を並べて傘下に抱えております。株式市場参加者やメディアから「みなとも統合すべし」という主張があるようですが、やはり地元ユーザーの定着度から「みなと」ブランドを無理に引きはがすことは適当ではないと考えているようです。

しかし一方で、統合効果を出さないと意味はありませんので、看板は「みなと」でもバックヤードはグループ銀行共通のもので対処することにより、実質的な合併効果を確保しているとのことです。この話からも、「再編」「統合」ありきではなく、効率性向上と付加価値創出を実現させる道がいくつも拓けている印象を持ちました。

提携戦略についての評価

前章でも取り上げましたが、2019年7月、日本を代表する地銀である千葉銀行と横浜銀行が、多面的な業務提携となる「千葉・横浜パートナーシップ」を発表しました。提携の狙いとしては、「両行が相互に協力してノウハウの共有や協業を行う」ことで高付加価値サービスを提供することとしています。

合併などの経営統合の場合は、店舗統廃合や共通業務の省力化によるコスト削減を含んだ経済効果を示すのが一般的ですが、この提携に関しては、主に営業活動上の収益効果を見込んでおり、両行合算かつ5年間の累計で200億円の効果を予想しています。[2] 単純計算で年平均40億円、両行の単年度業務純益が合算で1400億円程度ですから、約3%の収益押し上げ効果と計算できます。[3] もちろん、後の年度になるほど大きな効果が出ると見るのが自然ですので、これ以上の経済効果を期待しているといえましょう。

こうした収益増強効果の多くは、法人営業分野におけるシンジケートローン（協調融資）の共同組成や、ストラクチャード・ファイナンス（M&A向けなどを含む）からの収入を見込んでいる印象ですが、このほかにも事業承継やビジネスマッチングなど中堅中小企業の悩みの種へのソリューション提携、個人分野における相続関連業務や運用商品組成、そして何よりも両行従業員のスキルアップなどの人材育成のような長期的な効果を展望するものも加えられているのが、これまでの個別事業の提携と異なる点に見えます。

こうした連携について、横浜銀行代表取締役頭取で持ち株会社であるコンコルディア・フィナンシャルグループ代表取締役社長を兼任する大矢恭好さんからお話を伺いました。

横綱クラスの両行ですから、経営統合するインパクトの方が大きいというのが一般的な見方だと思います。そこで、あえて資本に踏み込んだ再編ではなく提携を選択した点を、真っ先に尋ねました。その答えは、「速さ（早さ）」です。資本が絡んだ本格的な統合は、

対監督当局（金融庁）と独占禁止法上の審査（公正取引委員会）に係る様々な手続きに時間がかかることとなります。また、システム統合や組織の再編などについても、かなりの時間とエネルギーを費やすことになります。大矢頭取は、「環境変化の大きな時代だからこそ、即効性を期待できる提携により、時間をかけずに協働の効果を狙う」ことを理由として述べられました。

もう1つの私の関心は、千葉銀行をはじめとする10つの銀行から構成されるTSUBASAアライアンスとの距離感です。顧客対応に関するソリューション提供や情報共有を行う上で、横浜銀行をはじめとするシステム共同運用を行うMEJARの構成行などが、手を結ぶことでより大きな連携組織が出来上がるのではと、私は考えたのです。

この点に関して大矢頭取は、「ＴＳＵＢＡＳＡアライアンスを育んできた千葉銀行に大きな敬意を払う」としながらも、それぞれのアライアンスの出発点がシステム開発・運用の共同化であることもあり、異なるシステム基盤の連携組織を単純に結びつけることの難しさを示唆されました。

ただし、別の見方をすれば、旧来型のメインフレームを主体とする重装的な勘定基盤からクラウドをベースとした軽装型システムへの移行が主流となった場合は、より広い範囲でのアライアンスが可能であるポテンシャルを感じました。

2．1つの再編の形

時間軸効果

再編や提携に取り組んでこられた銀行トップのお話は現場の臨場感が伝わり、また細かなところまで深慮が行き届いていることが深く印象付けられました。それと同時に合併や持ち株会社化など、資本関係に踏み込んだ再編に費やされる経営資源やエネルギーの大き

図表4-1（再編・提携に向かう要因と方向性）

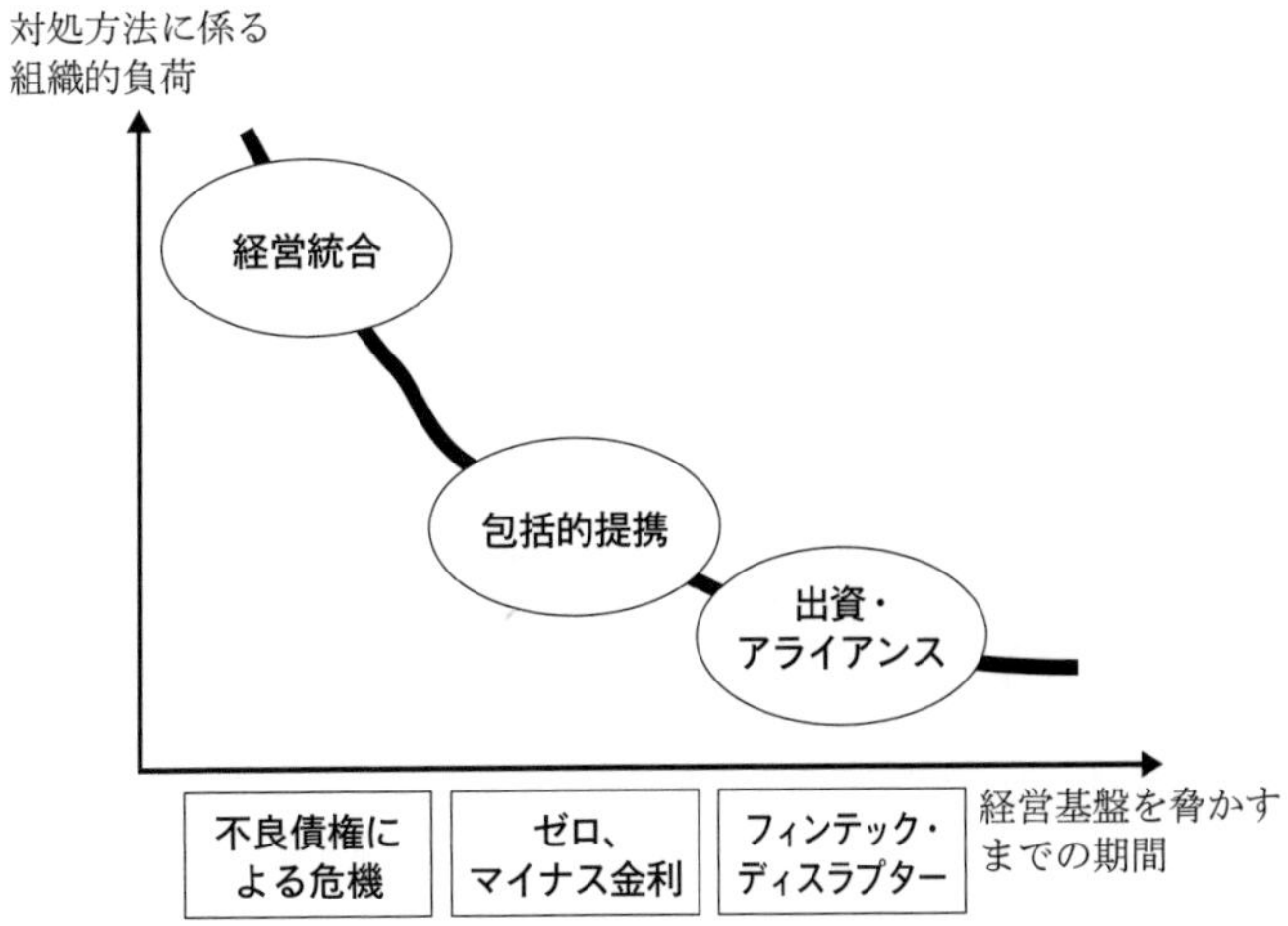

出所：筆者

さも再認識しました。

過去の銀行再編を振り返ると、再編に向かう心理的ハードルの高さは、外部環境に応じた銀行経営に影響を与える要因の種類や財務的な耐力を含むそれぞれの銀行の経営状況によっても左右されると思います。

そこで、環境変化の種類や経営に与える影響の時間軸が再編・提携に向かう経営判断にどういった形で影響するのかについて、コンセプト図を用意しました。図表４－１を参照ください。

このグラフの横軸は、各環境要因が銀行経営に著しい影響を与える時間軸を表しています。左に行けば行くほど劇症的な危機で、速やかでかつ大胆な経営判断を迫ります。右に行くと、「ゆでがえる」という表現が示唆するようにじわじわと経営体力を奪っていくか、求められるビジネスモデルの変革にゆっくりと迫られていく状況になります。一方で縦軸については、経営判断に伴う負荷の大きさを示しています。上に行けば行くほど、費やす経営資源もエネルギーも大きく心理的ハードルが上がります。

このような軸を組み合わせた場合、グラフの形は減少関数、つまり右下がりの直線か曲線になることは容易に想像できると思います。

一番左は不良債権による経営危機を例示していますが、損失処理に伴う自己資本比率の著しい低下は破たんに直結することもあり時間軸は短く、経営統合に向かわせる力が働きやすくなります。私たちは前世紀末にこの状況を見てきました。

真ん中は超低金利状況が続く影響で、多額の不良債権発生などとは異なり徐々に体力を殺いでいきます。これが以前も述べたゆでガエル状態です。このケースでは、経営耐力の低い銀行から順番に時間軸が短くなるため、それに応じて経営統合や再編に向かうのか提携に向かうのかが決まります。図表では包括的提携とありますが、これは経営体力の高い銀行を想定しています。

右の例はフィンテック進展によるディスラプションですが、これは以前もお話ししたとおり、センセーショナルに喧伝されている割には、さらに時間軸が延びると思います。図表で示した出資やアライアンスは、テクノロジーの吸収や対応の初期段階であることを表現しました。

地域特性を尊重した独立自治重視型の再編

時間軸の長さにかかわらず、多くの地銀経営陣の皆さんは、収益力低下、テクノロジー進展に対峙する経営資源の不足、市場と地域社会とのジレンマなど様々な逆風を認識し、中長期的に打開する方策の必要性を感じられていることでしょう。

そこで、提案したいのは、課題間のコンフリクトに極力悩まされずに解決方法を追求できる組織設定です。この点に関して、持ち株会社は威力を発揮します。第３章前半で述べましたが、２０１６年の銀行法改正によりこの組織形態が創出する付加価値が増えています。

なお、この組織設定を行う上での対象地銀のイメージがあります。それは、各地域市場における一定以上の存在感があり、相応のブランド力があることです。

図表４－２をご覧ください。多くの地銀グループの持ち株会社の形と、外見上の違いが

図表4-2　地域市場で存在感を有する地銀間の再編イメージ

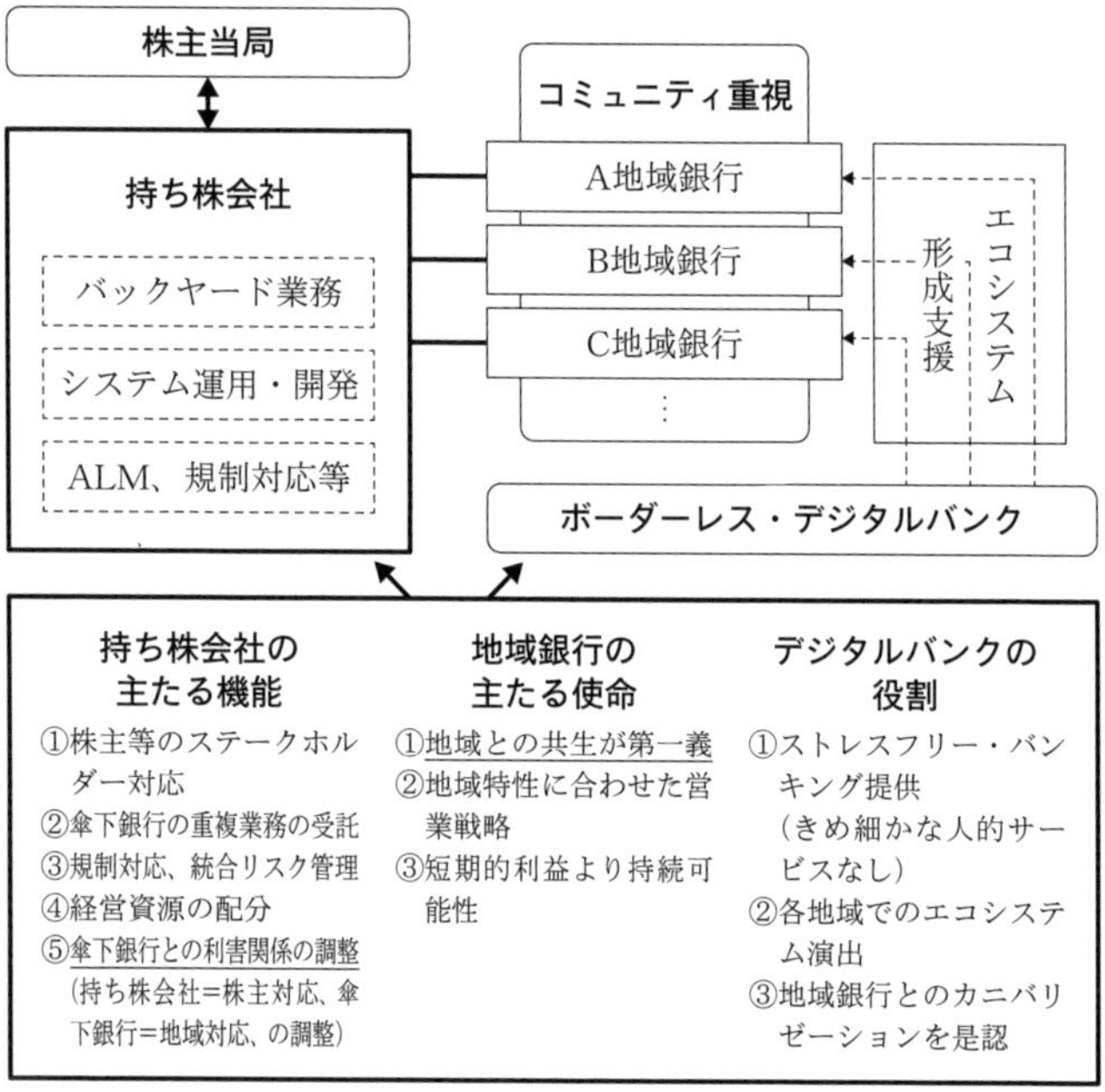

出所：筆者作成

わかりにくいかもしれませんが、各主体の組織内での位置付けや役割を明確化しており、多くの課題とテクノロジー変化に対応できる仕組みがビルトインされています。

この再編形態の特徴と効用に関しては次項で述べますので、ここでは簡単に組織の概観だけ説明します。

まず、主役は合流する地域銀行です。それ

ぞれの地域銀行は、コミュニティ重視の姿勢を貫きそれぞれの地域のために尽くすミッションを抱え続けます。

これらを束ねる持ち株会社は、各地域銀行から業務運営全般に係る共通部分を吸い上げます。これにより、各地域銀行は事務などのバックヤード機能、総務事項、システム、当局対応やコンプライアンス対応の大部分、リスク管理高度化などの負担、などから解放されます。また、多彩なステークホルダーのうちコンフリクトが大きくなりがちな投資家・株主対応も持ち株会社が向き合います。

左手にはデジタルバンクがあります。これは、顧客のデジタルリテラシー向上に対応し、利便性追求と各地域銀行のデジタルニーズをすくい上げる機能が期待されます。

取り組むべきことに専念できる組織

この組織についての意味合いを述べましょう。

第一に、多くの地銀が、デジタリゼーションの波の先を行くユーザーと、フェース・トゥ・フェースの人のぬくもりが必要な金融サービスを求める旧来からの顧客の両方をにらみながらの経営戦略の狭間で悩んでいます。こうしたどっちつかずの状況は、両方の顧客から見放されるリスクをはらんでいます。この課題の解決は、生き残りの最低条件だと思います。

提案した組織形態により、地域の境界線のないデジタルバンクと、旧来型のサービス提供に専念する地域特化型の銀行に役割分担させることが可能となります。これによって、それぞれの役割に全エネルギーを注ぎ、余計な悩みを抱えることなく自らの使命を追求することができます。その結果、より深く顧客のニーズを汲み取り、サービスを先鋭化させることができるでしょう。

これこそが、前章で取り上げた「発展的ガラパゴス銀行」と、先進的でかつコストベースの低いデジタルバンキングの両立を果たすこととなります。

第二に、利益相反になりがちなステークホルダー間のジレンマからの解放です。

すべての銀行は株式会社で、そのほとんどが直接あるいは間接的（持ち株会社を通じて）に株式を上場しています。このため、ガバナンス的にも株主からの規律付けを受ける必要があります。他方で、地銀はそれぞれ地域における貢献を期待されています。この両者の利益が一致すればよいのですが、二律背反の状況に直面することが多いはずです。現在、持ち株会社形態を取っている地銀で見受けられるのが、実質的な意思決定者が持ち株会社と銀行子会社の両方の経営判断に関与するケースです。この場合は、第2章で議論したような上場会社という立場と地域経済・社会を担う立場の間で苦しむこととなります。

しかし、傘下の地域銀行の使命を、「地域共生を第一義」として、各地域の利益代表になることによって、より充実した、かつ持続可能性のある金融サービスの提供に専念できます。もちろん、株主であり経営管理を行う立場にある持ち株会社との間では、議論を戦わせる必要があります。しかし、基本目線を地域に置けるメリットは大きいと思います。持ち株会社で「ワンクッション」置くことにより、例えば、外部からの利益成長圧力に呼応して、安易なアパートローンや投資信託の推進に走るリスクは軽減できると思います。

第三に、地域銀行の各市場における歩みや地域特性の尊重があります。持ち株会社形態による再編の最大のメリットはここにあります。

2行の地銀が経営統合をするにあたって、最終的には合併を目指しながらも「激変緩和措置」として持ち株会社形態による経営統合を選択する例が多きことが前章でも明らかとなりました。とかくアナリストやメディアは、持ち株会社の下でぶら下がるだけでは統合効果が出ないし、真の再編とは言えないとの批判があります。確かに、同じ地域で同じような顧客層を抱える地銀が統合するにあたっては、合併こそが効率化効果を発揮する方法だと思います。

しかし、地域や顧客セグメントが異なる場合は、そうとも限りません。埼玉りそな銀行などは、わかりやすい例です。私もその前身の埼玉銀行に入行したので、地元とこの銀行の歴史的な強いつながりを肌身に感じてきました。ただ、株式市場では、埼玉りそな銀行とりそな銀行の合併が最善であるという声が最も強くありました。もしも、この2行が合併していれば、地元経済界を含む顧客からこの銀行への愛着が薄れるばかりでなく、合併行から埼玉という地域に対する意識も希薄となっていたに違いありません。

地域でのブランディング、顧客層への食い込み（ペネトレーション）、経営陣から地元へのコミットメントの深さなどから、組織形態を考えることが基本です。組織の形に「絶対」の方程式はありません。ですから、経営資源や知の共有を持ち株会社組成により確保しながらも、地域性を大切にすることは持続可能性や価値の維持・拡大の意味からも重要です。

再編への心理的ハードルの話を本節冒頭でしましたが、その要因の1つは、経営統合による独自性の喪失という不安があるのではないかと思います。独立路線の基本的考え方を認め、ある程度の「自治権」を確保させながら、グループとしての戦略的付加価値の増大を図ることが、この提案の最も重要なポイントの１つです。

第四に、持ち株会社における機能集約化による経営効率向上です。すでに、株主等のステークホルダー対応を持ち株会社に担わせるメリットについて述べました。このほかにも、事務などのバックヤード業務、システム運用や開発、人事総務事項、規制対応、リスク管理態勢の高度化など、複数の地銀がグループ化することによって、コスト削減ばかりでなく、知の共有によるレベルアップが期待できます。

以前は持ち株会社の機能は子会社の経営管理に限定されていましたが、２０１６年の銀行法改正により、グループ重複業務の受託など業務執行がある程度認められることとなりました。例えば、事務を集中させることによる効率化だけではなく、ペーパーレスなど各行の知恵を出し合い事務量を減らしていくことも可能となります。これは、傘下銀行における業務負担も同時に軽くすることにつながります。

また、リーマンショック以降厳しく、そして高度化が求められる規制対応でも力を発揮します。バーゼルⅢに代表されるリスク管理に加え、マネーロンダリングなど顧客管理上の要求水準は高くなる一方です。これを持ち株会社レベルで初期対応することにより、傘下銀行の経営に対する負担は減らせるでしょう。

これにより、持ち株会社はグループにおける統合的リスク管理、経営資源の配分、傘下銀行の利害関係の調整、株主等のステークホルダー対応に専念することができる一方、傘下銀行は地域における営業活動に全エネルギーを注ぐことになります。

以前、ある銀行グループのトップと話をした時に、「忙しくて仕方ない」とこぼされていました。何でそんなに忙しいかと聞けば、経営会議で協議するような主要な経営マターはもとより、業界団体の仕切り、グループ会社間の紛争仲裁、グループ会社を含めた役員人事、不祥事件の対処、役所とのやり取り、果てには主要顧客の冠婚葬祭やゴルフ接待など、経営トップの本来的なミッションからかけ離れたことまで抱え込んでいたようです。パワーポリティックスなどから各グループ主体の経営陣を解放し、明確な使命と機能を全うすることで、このような憂うべき状況を払拭することができると思います。

最後に、デジタリゼーションへの対応です。地域でハートフルな金融サービスを提供する地域担当銀行と切り分けることにより、ドライで柔軟な発想が可能なデジタルバンクを共同で抱える余地が生まれます。

ポーランドの mBank の例は、フィンテックの教科書でよく取り上げられますので、ご存知の方も多いでしょう。銀行はサービス業ですが、銀行店舗に行くことも含めて好き好んで銀行取引をする人はあまりいないと思います。皆さんは、必要に迫られていやいや銀行サービスを受けているのではないでしょうか。これがその他のサービス業との決定的な違いです。

「やらざるを得ない」ことにはエネルギーを使いたくないのが人の常です。ですから、簡単な取引に多くの書類記入を余儀なくされることには、フラストレーションしか残らないと思います。ですから、ストレスフリー・バンキングの提供こそがデジタルバンキングの基本です。ワンタップ、ツータップの操作で銀行取引を完結するとともに、顧客が必要な情報のみを提供するような金融サービスをデザインすることで、「この銀行なら付き合ってもいいかな」と思わせることが大切です。mBankのスローガンも「信号待ちの間で完結する取引」でした。

また、ＧＰＳ機能などの活用により、地域経済との共存共栄が可能となったのもデジタルバンキングの中核にある「スマホバンキング」の特徴です。銀行顧客が歩いている場所の近くのレストランやショップのクーポンなどが届く仕組みなどは、よく言われている地域型の「エコシステム」の一例です。

なお、このデジタルバンクについては、グループの地域銀行とのカニバリゼーションを甘受することが必要です。人手を介さないサービスを望むかフェース・トゥ・フェースの深いサービスを望むかは、銀行側は判断すべきものではありません。あくまでもサービスの提供方法を選ぶのは顧客であり、地域銀行の個人顧客が兄弟会社であるデジタルバンクに乗り換えるのは、顧客の争奪ではなく、グループ内で顧客が心地よくいられる場所を提供できた結果であると考えるべきでしょう。

3. 持続可能性に向けて大切なこと

本書では、地銀の再編や提携による合従連衡を中心に述べてきました。しかし、再編等は目的ではなく方法だということを改めて認識しておく必要があります。持ち株会社にしても合併にしても、持続可能性のために必要であるというよりは、持続可能性のための経営改革を行うための器として必要なだけです。本書の最後のメッセージとして、再編から少し離れた話をしましょう。

利益を得ることは生き延びる上で不可欠です。しかし、損得だけで判断すると私たちが与えられている本質的なミッションを見失います。顧客本位を掲げながら多重債務者を作ってしまう、相続対策を理由に無茶な想定に基づきアパート建設を後押しする……。短期的な収益追求が長期的な信用を失う例は、銀行ならずとも数多く見てきたはずです。イギリスのホーア銀行を引き合いに出したのも、大手銀行とは異なる地銀のミッションを示したかったからです。

３つの道の末尾で再編に拠らない選択に触れましたが、そこでも量より質への回帰を促すためのダウンサイジングが不可欠だと述べました。儲け度外視とはいいません。しかし、手数料率とは別の世界で顧客の将来に資する運用商品を選定し、顧客を深く知った上で適切にアドバイスする。顧客数を増やさない努力、従業員と顧客の長期的な信頼関係を維持するための人事政策、などホーア銀行の経営姿勢と、コミュニティバンクとしての生き方はオーバーラップすると思います。

貸し出しも一緒です。ビッグデータ解析やＡＩによる効率的な与信判断は、コミュニティにとって本当に理想的解を提供するのでしょうか？　アマゾンなどのプラットフォーマーが商品・サービスの流れ、ＳＮＳ情報など多次元で商流を活かすテクノロジーは素晴らしいと思います。財務分析など静態的判断に依存しがちな昔ながらの銀行も学ぶべき点は多いです。しかし、所詮プラットフォーマーがもたらすのは効率性を高める「トランザクション」でしかありません。いま一度、「人を見て貸す」という銀行道の基本に立ち返ることが、地銀だからこそできることだと思います。

委縮したリスクマインドを今こそ再生すべき時がきました。地元の起業家を応援しましょう。クラウドファンディングより、情報の非対称性を見極めるプロとしての機能強化に努めましょう。失敗、つまり貸し倒れをある程度認めながら、ビジネスや人を見る目を地道に育みましょう。

実績はないが新しく役に立ちそうな発想に投資をする雰囲気が醸成されれば、学生がワクワク感を求めに地銀に集まると思います。

【注】

1　関西アーバン銀行と近畿大阪銀行が合併し関西みらい銀行となったのが2019年4月1日、システム統合が同年10月15日です。

2　効果額の見通しは、2019年11月に発表しています。

3　2020年3月期における業務純益（銀行単体）は、横浜銀行719億円、千葉銀行708億円。

今後の再編の展開
（頭の体操）

■

今後再編の展開（頭の体操）

読者の皆さんとしては、ここまで読み進むと「これまでの再編や提携の話はわかったが、単刀直入にどことどこが再編するか教えてほしい」というところなのでしょう。しかし、再編はきわめてナイーブな問題であり、また様々な要素が加わった化学変化で奇跡的に出来上がるものです。また、勝手に組み合わせを予想すると、お叱りを受けてしまうことがあります。もちろん、株価への影響もありますので、慎重な取り扱いが必要です。

そこで、あくまでも「頭の体操」として、このような組み合わせができれば素敵だなというものを最後にお示ししたいと思います。ですので、確固たる根拠に基づく見通しなどでは決してなく、ブレインストーミングで出てきそうなもの程度でご理解頂ければ幸いです。

また、単なる組み合わせで終わるのも面白くありませんので、各銀行あるいはグループの特徴的な取組みをご紹介しながら述べていきたいと思います。

九州の枠組みを超越した「ふくおかフィナンシャルグループ」

第3章で「地域特性を尊重した独立自治重視型の再編」をベースに、持ち株会社形態でのグループ形成について提案しました。実は、この組織のかたちは、ふくおかフィナンシャルグループのグループ機構を大変参考にしたものです。

このグループは、福岡、長崎、熊本の各県にそれぞれ地域に根付いた銀行を配しており、特に福岡県と長崎県については最大の存在感を持っています。その上で、デジタルバンキングに特化した新しい銀行である「みんなの銀行」をグループ内に設けることとしました。そのグループ形成を図示したものが図表5－1です。

ふくおかフィナンシャルグループは、「リアル」な銀行として地銀グループの中での存在感を示しているほか、九州における再編をさらに進め覇権を握るという観測から、銀行再編の話題に上ることが多いグループです。しかし、特筆すべき点としては、金融ビジネスのデジタリゼーションへの対応の早さと深さがあります。

そこで、今後の再編への展望を語る前にデジタルバンキングへの取組みについて述べたいと思います。初めに、子会社である「iBank マーケティング」の設立です。その名前か

図表5-1　ふくおかフィナンシャルグループのグループ組織

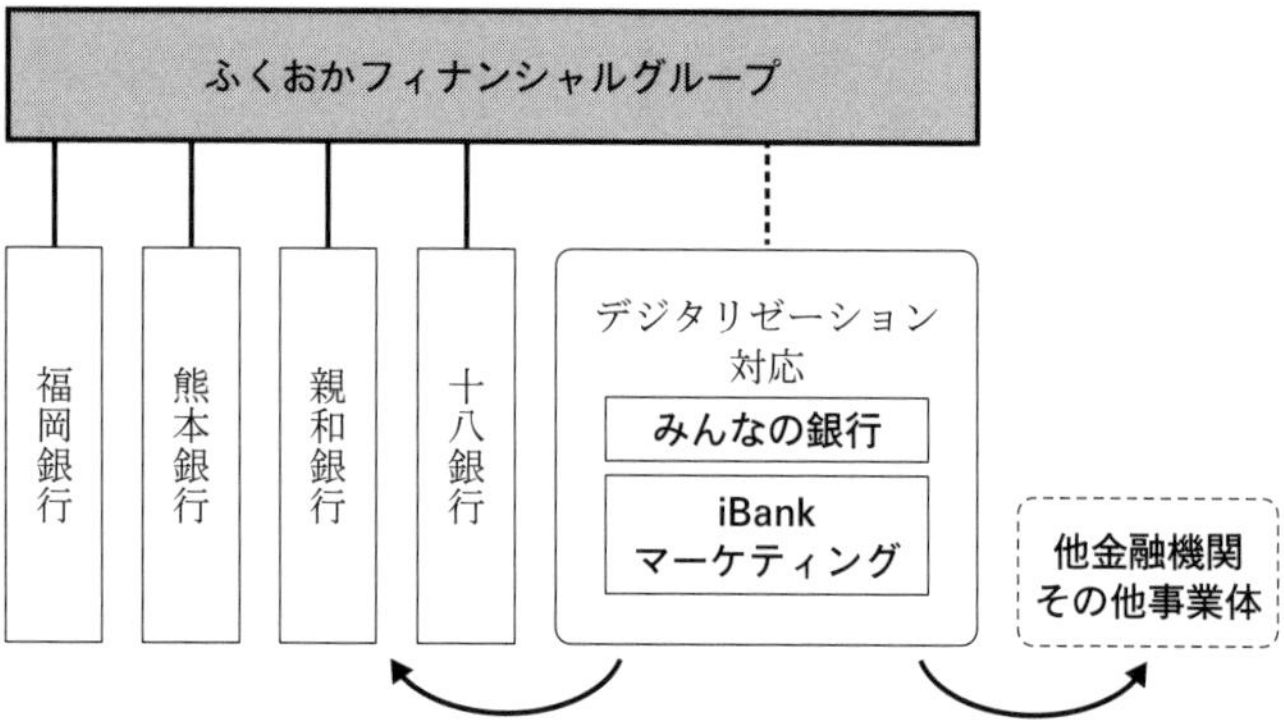

出所：ふくおかフィナンシャルグループ資料に基づき筆者作成

らは、フィンテックの世界で最も著名な銀行の1つであるポーランドの「mBank」が思い起こされます。まさにmBankが実践したように、既存の顧客ばかりではなく潜在的な新たな世代の顧客のUX実現のための新時代バンキングサービスを念頭に置いてのことでしょう。

2016年に設立されたこの会社は、銀行ではなく銀行代理業や電子決済等代行業を担う純粋なフィンテック・カンパニーで、スマートフォン等を用いた金融取引をサポートするアプリケーションを提供する会社です。このアプリケーションは「Wallet+（ウォレット・プラス）」というブランドネームで、具体的には、残高や取引経過などの口座情報へのアクセスはもちろんのこと、家計簿的に手助けもしてくれます。たとえば、目的に合わせた預金を行うなどの積み立て支援も可能です。さらにデビットカードを活用した決済のほか、預金以外の資産運用についても、「お金のデザイン」と提携してロボットアドバイザーとして馴染みのある「ＴＨＥＯ（テオ）」を活用した投資信託などへの小口運用へのゲートウエイとしても使うことが可能です。

次の再編の話題にもかかわってきますが、ウォレット・プラスは、ふくおかフィナンシャルグループの福岡銀行、熊本銀行、親和銀行のほか、広島銀行、十六銀行、山梨中央銀行、南都銀行、沖縄銀行もこのアプリケーションへ参加しています。このため、新しいテクノロジーをグループで占有するのではなく、オープンに参加を認める姿勢が特徴的です。

ちなみに、第3章で勘定系システムの共同開発の地銀のグループ化について解説しました。ふくおかフィナンシャルグループが広島銀行と「広銀・ＦＦＧ共同システム」を組成しているので、親交の深い広島銀行が参加していことについて違和感はありません、しかし、ウォレット・プラスへの参加行はこのほか、「Bank Vision」に参加している山梨中央銀行、「Chance 地銀共同システム」に参加している南都銀行、十六銀行など、既存のシステム関連の提携を越えてふくおかフィナンシャルグループのテクノロジーをシェアしていることがわかります。

このようなデジタリゼーションへの対応は、デジタルバンク設立へと昇華しています。組織図でも紹介しましたが、デジタルバンク「みんなの銀行」を発足させることとなりました。2021年創業のこの銀行はリアル店舗を持たないため、メディアでは「ネットバンク」という表現のされ方をしますが、会社としてはデジタルバンクであるということでネットバンクとは一線を画したいようです。

ウォレット・プラスはあくまでも銀行やその他の金融機関へのゲートウエイの役割を果たしているので、その最終的な機能はリアルの世界の銀行の制約を受けます。一方でデジタルバンクは自らが銀行免許を取得し、自由な発想で既存のモデルの制約から解放されます。システムも親会社の既存インフラに頼ることなく、クラウドベースの超軽量システムをゼロベースで活用しています。余談ですが、日本の銀行の中には既にクラウドを採用しているところがありますが、その多くがアマゾンのAWS（アマゾン・ウェブ・サービス）のプラットフォームに乗っています。しかし、みんなの銀行は初めてグーグルが提供するGoogle Cloudを採用しました。ちなみに、このような一連の動きが評価され、ふくおかフィナンシャルグループは金融イノベーションに係る大賞[1]を2020年に受賞しました。

この銀行は、グループのITリテラシーが高い顧客へのデジタルバンキングサービスなどの補完的機能を提供する存在には留まらないと思います。むしろ、「ふくおか」ブランドから遊離しながら、地域を超えて金融サービスの利便性提供を行う存在になるのではないかと期待しています。もちろん、地域振興のための商店街のクーポン発行やポイントサービス相乗りなどの「エコシステム」醸成の役割は担い続けるでしょう。しかし、活躍の範囲は、グループの制約から解き放たれるポテンシャルを持っています。

こうした動きが示唆するふくおかフィナンシャルグループの将来像は、傘下銀行の地域における自治権を尊重しながら連邦的経営を行う緩やかな連合体を目指していくのではと、個人的に考えています。持ち株会社やその中核を担う福岡銀行がグループ全体のコントロールを強めると、地域市場を担う銀行やデジタルバンクの良さが希薄化する可能性があります。一方で、連邦制の色彩を強めれば、このグループのプラットフォームに関心を示す銀行も増えてくるのではないかと思います。

例えば、歴史的に緊密性の高い広島銀行がこの連邦プラットフォームに加わる可能性はあると思います。ただし、その場合にはグループ名は改称されるでしょう。また、沖縄銀行などウォレット・プラスなどのプロダクトをきっかけとした関係強化の流れができれば、参加する銀行が増える可能性があります。

現在のところは、メディア的には九州フィナンシャルグループ（肥後銀行、鹿児島銀行）や西日本フィナンシャルホールディングスなどの勢力との九州における覇権争いの文脈で語られる傾向が強いですが、地域の枠組みを超える可能性は十分にあると思います。

関西の未来図は何処へ「関西みらいフィナンシャルグループ」

りそなホールディングス傘下でありながら、独立性が強く近畿地域において独自の展開を見せているのが関西みらいフィナンシャルグループです。今後の再編を展望する上で、りそなホールディングスを中心とした視点から出発すべきなのか、あるいは関西みらいフィナンシャルグループからの展開を考えるのがいいのか悩ましいところです。しかし、想像力を働かせて少し大胆な展望を行いたいと思います。

歴史的に地域金融と大手銀行との関わり合いを鳥瞰すると、時代の要請によって大きく変容したことがわかります。金融自由化前の時代に地銀は、日本興業銀行、日本長期信用銀行そして日本債券信用銀行が発行する金融債の買い手として投資家の役割を果たす一方で、国債取引を始めとする新しい業務に係るノウハウの提供を3行から受けたほか、株式の相互保有に至るまで多様な付き合いがありました。

その後、自由化の進展や金融危機そしてそこから連なるメガ再編まで一気に進んだ10年間でした。その経過の中で、経営危機に直面した地域銀行を救済する形で大手銀行グループの傘下入りをするケースがあり、大手銀行はこうした銀行を通じた地域金融へのビジネス機会の追求を試みました。

しかし、思うように地域市場での成果が上がらず、メガバンクの多くはグループ地銀を切り離す時代へと入りました。このようなメガバンクによるグループ再編の結果、いくつかの地域再編が誕生しました。図表3－3で振り返って頂ければ、トモニホールディングス傘下の徳島大正銀行（大正銀行はかつて三菱ＵＦＪ系）、十六銀行による岐阜銀行（同じく三菱ＵＦＪ系）吸収、池田泉州ホールディングス傘下の池田泉州銀行（同じく三菱ＵＦＪ系）と三菱ＵＦＪフィナンシャルグループの持ち分法適用会社の再編が続きました。そして、関西アーバン銀行とみなと銀行を擁した三井住友フィナンシャルグループとりそなホールディングスによる電撃的で戦略的な合意による再編です。

長期的な展望を行うのであれば、大手銀行を台風の目とした地域再編はもはや限定的であると思います。また、りそなホールディングスもかつては「スーパーリージョナル・バンク」としてのプラットフォームとなる野心も存在していた印象ですが、こうした大きな潮流を踏まえれば、大手銀行の一角を成すりそなホールディングスが主導する地域再編の流れについては慎重に考えるべきではないかと個人的に考えます。

そこで、想像力の延長線上で頭の中に浮上するのが、関西みらいフィナンシャルグループの独立です。りそなホールディングスの中でも一定の独立性を維持しているほか、りそな銀行の信託業務などの恩恵にも預かっている同グループですが、関西における面での再編を展望する場合には、「大銀行の実質的傘下」に入ることに対するアレルギー反応を考慮する必要があります。

第3章では、地域覇権を握るような再編の経済効果が高い点を述べましたが、近畿あるいは関西圏における面での覇権を獲得するような展開を踏まえると、少なくとも自らが支配下に置かれるような経営統合はほぼありえないと考えていいと思います。現在の関西みらいフィナンシャルグループの商圏は京阪神滋奈をカバーしていますが、兵庫県は但馬銀行、京都府は京都銀行、奈良県は南都銀行、滋賀県は滋賀銀行が圧倒的に強いのが現実です。また、和歌山県では存在感がなく、紀陽銀行の存在感が目立つ状況です。関西圏においての何れかでの市場におけるプライスリーダーシップを握るには、こうした強豪銀行との戦略的共感が得られなければなりません。

これを考えると、なかなかハードルが高そうです。現状で経営上の不安を抱えている銀行は、もちろんありません。しかし、将来的な地域金融の見通しに対して人口動態の変化や経済活動の点から不安を感じていないところはないと思います。そこで、関西みらい銀行やみなと銀行が再編で得られる恩恵や政治的摩擦のなさを実績で示すことができれば、次なる展望が開けると思います。

前節では、システム統合の円滑さや、りそな銀行が有する海外進出関連の情報や信託業務の提供などによる顧客支援の部分での付加価値を確認しました。りそなホールディングスから独立することは、大手銀行のカラーを薄めるメリットの対価としてこうした付加価値を放棄することを予想されるかもしれません。しかし、仮にグループ外に出たとしても、信託業務の提供などを定着させることで双方にとって利益になることは間違いありません。

また、このグループの良さは地域ごとの自主性を尊重している点にあると思います。りそなホールディングスの東会長との話でも取り上げられましたが、株式投資家やメディアから「みなと銀行も関西みらい銀行と合併すべき」との指摘に対しても、「みなと」ブランドの定着を尊重していることがうかがい知れました。ブランドを残しながら経営効率を高めるために、看板は「みなと」でも事務処理などのバックヤードはグループ銀行共通のもので対処するなどの実質的に合併効果を実現している点が特徴的です。

今後の関西圏における再編を実現に導くためには、こうしてグループ内の各銀行がプラットフォームを共有することによる経営効率向上と、各地域における自主独立性を確保しながら生き生きとしたビジネス展開を示していくことが何より大切だと思います。

少し話はそれますが、最後に非常に興味深いみなと銀行の取り組みについても触れておきたいと思います。それは、若手行員の取引先への業務出向です。２０１８年４月から地元の企業や地方公共団体へ有望な若手行員を2年程度の期間を目途として派遣し、それぞれの出向先で銀行とは全く違った仕事に取り組むというものです。計画としては5年間で50名程度の派遣を考えているようです。

この施策について銀行は、「県民銀行として地域経済の更なる発展に貢献するためこれまで以上に地元密着型のビジネスモデルを深化させる」としていますが、その狙い１つは取引関係の強化、もう１つは人材育成にあります。特に後者は重要です。

一般に「出向」という言葉は、残念ながらネガティブなイメージが漂い、銀行員もキャリアが20～30年を超えると銀行員を卒業するという意味合いの濃い取引先への出向、そしてその先に待つ転籍が控えています。しかし、今回の業務出向はこれとは全く異なり、銀行の将来を担うための人材の成長を企図したものです。対象となるのが30歳前後ということで、銀行員としての基礎が身につき脂が乗ろうとしている一方で、「銀行員」のカラーにどっぷりと浸かり始める頃です。

銀行員は「よい商品やサービスを開発すれば必ず顧客に喜ばれる」と信じて疑わない傾向があります。これをプロダクト・アウト的思考としましょう。しかし、顧客目線からすると微妙にニーズからずれていることがあり、結果的にはヒットに結びつかないことも少なからずあります。以前、りそなホールディングス会長の故細谷英二さんが「銀行員の常識は世間の非常識」と一刀両断しましたが、まさに銀行カルチャーに染まった価値観や社会観を持ってしまうと、なかなか顧客目線のマーケット・イン的な志向ができなくなります。

このため、この対象年次で世間の風に当たることは非常に意味があります。また、この施策のリリースの中で輝いて見えたのが、わざわざ「出向期間終了後は本部主要部門や営業店の渉外課長等としての配置を想定」と書いている点です。顧客側で仕事をしながら銀行を見ることで、これまでとは全く異なった風景が広がるかもしれません。

こうした地元への意識の強い銀行の良さを、グループ全体として大切にする現在のあり方が、今後の再編にもつながってくると思います。

東北大連合、さらには北日本大連合も展望できる「青森、みちのく、岩手、秋田銀行」

東北地方の特に北部は、地銀再編で注目している地域です。

青森県を地盤とするみちのく銀行と青森銀行が、2019年10月に包括的提携を発表しました。両行は以前からＡＴＭ共同化やメール便の共同運行などによる業務効率化に取り組むなど協力関係にありましたが、提携関係をさらに進めて、顧客サービスの強化と経営効率の向上の両面での協働を図るというものです。

前者に関してはＡＴＭ利用手数料の相互無料提携、取引先の本業支援のための商談会等の共同開催、地域イベントの共同運営・協賛を、後者については事務処理などのバックオフィス業務の共同化を検討対象としており、このうちＡＴＭ利用手数料の無料化はすでに開始されています。

正直なところ迫力に欠ける内容ですが、バックオフィス業務の共同化に関しては、踏み込み方によっては経営統合への布石と十分になりうると思います。

しかし、この２つの銀行は青森県のトップバンクだけに貸し出しシェアは7割を超えると思われます。したがって仮に合併の合意に至ったとしても、長崎県の十八銀行と親和銀行の合併をめぐる公正取引委員会による渋滞と地域シェア的には似通った状況です。このため、通常であれば承認への茨の道を見込むでしょう。[2] しかし、独占禁止法上の特例措置があるため、この時限性（10年）から逆に統合へ向けて弾みがつく可能性はあると思います。

余談ですが、本質的には独占禁止法の特例措置など必要なく、地域再編を認めるべきだと思います。その理由は簡単で、公正取引委員会の考え方が時代錯誤だからです。確かに１９９７年までは、監督当局が概ね都道府県単位をもとに、地銀の店舗展開について越境の設置について抑制的に運用していた印象があります。このため、その時代であれば、「地域市場」の定義については都道府県単位でシェアを用いるのは妥当だと思います。しかし、１９９７年に店舗の新設の実質的許可の前提となっていた店舗通達が廃され、実態として地銀が他地域に店舗展開する自由度が確保されたのです。このため、都道府県を市場の単位とする考え方は妥当性を欠くこととなりました。なぜなら、仮に当該地域の合併が貸し出し金利の引き上げにつながれば、収益機会を求めて他地域の地銀がどんどん進出することとなるでしょう。したがって、長崎県を含め、県単位を市場と見なす時代は終わったと考えるべきでしょう。

これに頭の体操的に加わるのが、岩手銀行と秋田銀行です。隣県地銀は「仲が悪い」ことが少なくないのですが、青森銀行、岩手銀行と秋田銀行の3行は極めて親密な関係にありました。

例えば、ＡＡＩネットによるＡＴＭ提携が象徴的で3行相互でＡＴＭ利用の手数料を無料化することで相互の顧客の利便性を高めるものです。この２０００年からのＡＴＭ相互開放からまもなく、２００３年には3行の法人顧客の合同商談会などを通じて顧客間の交流やビジネス機会の創出を図る「Netbix」（ビジネス情報交換ネットワーク）がスタートしました。

3行の共通認識は、限られた経営資源の中でいかに顧客満足度を向上させるかという点です。個人顧客が北東北エリアを往来する中で、無料で使えるキャッシュポイントが増えれば喜ばれるでしょうし、中小企業等の顧客が接点を持てない地域でのビジネス・パートナーを探せる機会があれば、取引先企業の事業繁栄につながると共に銀行貸し出し等にも発展する期待も持てるでしょう。取引先企業の相互紹介は、銀行間の信頼関係がないとなかなかできるものではありません。

営業活動に係る連携だけではなく、業務インフラに関する提携も進んでいます。3行はサイバーセキュリティ情報の共有と対応策に関する研究のための「北東北三行共同シーサート（ＣＳＩＲＴ＝Computer Security Incident Response Team）」を２０１５年に設置しました。銀行をめぐるサイバー犯罪は減らず、警察庁の統計では２０１９年におけるインターネットバンキング不正送金は１８７２件、25億円以上に上っています。金融庁も危機感を持っており、調査を進めています。しかし、地銀にとって単独行が対処するには厳しい事実もあります。そこで、3行は情報セキュリティに関する情報や課題を幅広く共有、共同研究することで、情報セキュリティの協力体制の構築することを決めました。

また、他地域でも同様の連携はありますが、これら3行も「大規模災害等発生時における相互支援協定」を締結し、大規模災害等が発生した場合に相互に支援することで地域の金融機能の確保をすることとしました。例えば、応急対策および復旧活動等に必要な要員の派遣、車両、通信機器等の貸与、仮店舗等の施設の提供、そして飲料水、食料品、生活支援物資等の提供などを相互に支援することとしています。

さらに２０１９年にはこれら3行に山梨中央銀行を招き入れて、ＩＴベンダー数社と共に株式会社フィッティング・ハブを設立しました。この会社は、ブロックチェーン技術の活用を下地として、電子交付サービスをサービス内容としており、安全で低コストのシステム構築を見通しています。まさに、フィンテックの技術共有について経営資源を持ち寄って解決しようという思想です。

ここまでを踏まえても、青森銀行、岩手銀行、秋田銀行の結束は固く、また青森銀行とみちのく銀行の連携を踏まえると、人口減少などの経営課題を共通認識とする、そしてノウハウや問題意識を共有してきた銀行による結集は極めて自然な流れだと思います。

さらに、頭の体操を駆使すれば、ほくほくフィナンシャルグループの合流も捨象できないと思います。ほくほくフィナンシャルグループの北海道地域を担う北海道銀行は、ＡＡＩネット各行との提携を経て、結果的にＡＡＩネットへ参加しているのと概ね同値となっています。こうした動きは地域での合従連衡の意識付けの一部にはなってもおかしくないと思います。

したがって、第一段階としては、青森県内における青森銀行とみちのく銀行の統合、第二段階としてはみちのく銀行を含む青森銀行、岩手銀行、秋田銀行による連合、そしてさらに発展形にあるのがほくほくフィナンシャルグループを含めての再編すら考えられると思います。

このため時間軸として、段階的統合はあるにせよ、最終形としては北東北とほくほくの地盤である北海道と北陸地方を含めた大連合に発展するポテンシャルは存在していると思います。

四国アライアンスから管領細川氏の時代へ進むか「阿波、徳島、伊予、四国銀行」

地域のトップバンクは、いわば一国一城の主のような存在です。このため、銀行の商圏や文化も現状の行政区分ばかりでなく、廃藩置県前の状況を反映している場合も少なくありません。四国には幕末に11もの藩が存在していたのですが、四国全体が統一的に統治されていた時代は南北朝まで遡ります。細川頼之が足利尊氏を支持しながら四国に入り、阿波と讃岐で地盤を築きながら伊予、土佐を含めて四国各国の守護職を務めることとなり「四国管領」と呼ばれました。ちなみに管領とは将軍を補佐する参謀で、実際に第3代足利義満の管領として徴用された人物です。

脇道にそれましたが、この四国という地域を銀行視点で考えます。銀行として「細川頼之」の時代のような統一された銀行グループによる支配はあるのでしょうか？　実際に四国は、東北以上に合従連衡の可能性を感じさせられる雰囲気があります。

阿波銀行、徳島銀行、伊予銀行、四国銀行にそれぞれ四国4県のトップバンクが包括的提携に係る歴史的合意に至ったのが、2017年から協働が始まった「四国アライアンス」です。先ほど「統一された銀行グループの雰囲気」と述べましたが、この発表時にはしっかりと各行の「独立性」が強調されました。アライアンスには統合への希望的観測がつきものですから、当然の断り書きかもしれません。

しかし、アライアンス成果の成就を目指す本気度は高く、合意の時点で26もの分科会を立ち上げられていて、4行を繋いだテレビ会議を利用して、四国創生に向けた「興す」「活かす」「繋げる」「育む」「協働する」という5つのテーマごとに施策の検討を行いました。

「興す」については、法人顧客の創業・成長・再生・事業承継などの異なるステージにおけるニーズに対応するため、２０１８年に四国アライアンス・キャピタルを各行25％の出資で設立しました。この会社は、現状3つのファンドを設定してニーズに即した投資およびソリューション提供を行っています。「しこく創生ファンド」は議決権の整理や承継を行うためのバイアウト投資を行っています。「しこく中小企業支援ファンド」は様々な事情で経営的な困難に瀕している企業の再生を行うための投資を行っています。そして「しこくエネルギーファンド」は前2者とはやや色彩を異にしており、再生可能エネルギー関連のプロジェクトへの投資を行っています。このようなニーズに対する伝統的な銀行のサポートは、貸し出しによる負債性資金の提供と出向等による人材派遣による支援が一般的でした。しかし、こうした支援では銀行としても成功時の特別な利益を被れるわけでもなく、したがって、事業価値向上より債権回収に力点が置かれることも少なくなかったと思います。しかし、エクイティ資金投入により、成功時の「青天井」の利益獲得も期待できるため、より事業性を重視した対応を促します。

「活かす」について、地域商社を通じた地域産品のブランド力向上と販路拡大があります。提携当初は、各県の特産品を銀行顧客へのキャンペーン贈答品とするなど小ぶりな施策からスタートしましたが、大々的に地域資源を拡販するためには、より体系だった取り組みが必要です。そこで、２０２０年に4行共同で地域商社「Shikoku ブランド株式会社」を設立しました。２０１７年の銀行法改正で「銀行業高度化等会社」というコンセプトが生まれ、認可を経てフィンテックなどの銀行に関わりの深い企業への5%超の出資が可能となりました。その後２０１９年には「中小・地域金融機関向けの総合的監督指針」が見直され、地域活性化のための優れた特産品等を取り扱う地域商社をこの銀行業高度化等会社と見なすことが明記されました。四国アライアンスはこの改正を取り込む、機動的判断を行ったものです。地域商社を設立するケースは他にもありますが、単独の銀行で実施されることが多く、4行もの主たる地銀による設立は珍しいと思います。

次に「繋げる」として、ビジネスマッチングの促進に取り組んでいます。日常的に4行が相互に法人顧客を紹介して、事業機会の創出につなげるものです。また、四国外や海外企業とのネットワーク構築をサポートするための商談会や交流会を開催しています。

「育む」の施策として、個人顧客等が資産運用するための協働を進めています。第一には、証券子会社の共同活用です。４行の中で伊予銀行のみが証券子会社を有していて、アライアンス発足直後から「いよぎん証券」が供給する外国債券や仕組債などを各銀行が媒介することで取扱商品のラインアップを充実することを決めました。さらに、いよぎん証券は四国アライアンス証券へ商号変更し、伊予銀行以外の３行が取り扱いしやすいようにしました。第二に、地域を応援する投資ファンドの組成、販売です。「四国アライアンス地域創生ファンド」を大和アセットマネジメントに運用委託する形で立ち上げ、四国の地元企業への投資資金を呼び込んでいます。これにより、地元企業への間接的支援と個人顧客の地元愛を実現させる運用手段の同時実現を狙っています。

最後に「協働する」としては、重複業務の共同化を目指します。４行が共通・重複している事務・業務を比較分析して、事務の共同化による経営効率の向上を図るものです。また、このほかにも人材育成として、各種研修会への相互参加や合同研修を実施しています。この重複業務の共同化は、地味ですが重要なポイントです。事務処理やＡＴＭをはじめとする運用管理を共同化するばかりでなく、店舗運営やＡＬＭまで含めた踏み込んだ提携を行うこととなれば、その先には持ち株会社による連邦制が見えてきます。

ここまでは、四国アライアンスの歩みに沿って説明してきましたが、最後に個別銀行のユニークな取り組みがもたらす更なる提携の成熟化について展望したいと思います。

それは、海外展開に伴う協働です。自己資本比率規制について、国際統一基準と国内基準いずれに従うかを判断するのは、海外における駐在員事務所や現地法人ではなく支店の有無で決まります。伊予銀行は日本の地銀でわずか10行しかない国際統一基準行の１つで、四国の地銀としては海外支店を有する唯一の銀行です。その伊予銀行は、近年、海外拠点のスクラップ・アンド・ビルドとも言えるべき改変を行いました。多少の時間差はあるものの、１９９６年から続いていた香港支店を駐在員事務所に戻し、２０１６年にシンガポールを支店化しました。

その最も重要な背景として指摘できるのは、今治などの船舶関連産業での金融機能を担う銀行としてのミッションから来るものと考えられます。

船主が船舶を購入するときに巨額の支出が発生するのに対して、収入はその後の運営から得られるため長期にわたるキャッシュフローのずれを金融的にサポートする必要があります。これがシップファイナンスと呼ばれるものです。このため船主、造船、管理、金融、港湾などの事業者から構成される海事クラスターと呼ばれる海運事業者の中でも、金融が占める役割は大きいものがあります。

その海事クラスターにとって、シンガポールの重要性は従来以上に増しています。歴史的にアジアとインドから中東・欧州を結ぶ要衝として立地上の価値があるほか、海運事業者への税制上の優遇措置が拡充している状況にあります。そこで、伊予銀行が取引のある事業者にとってのシンガポールの位置付けはますます重要となっています。

このことからすると、金融都市として一定の価値があった香港から、自らの得意分野の事業価値を増すシンガポールに経営資源を移すことは至極合理性が高いものと考えます。

さて、海外ビジネスの文脈での四国アライアンスへの展開について考えましょう。中小企業の海外進出は四国にあっても新しい話ではなく、しかもシンガポール拠点だけで対応できるほど進出先も狭いものではありません。このため、取引先の海外進出支援などという大雑把なアドバルーンを揚げても、成果が伴わないことは目に見えています。

より実効性の高い協働としては、シップファイナンスへの相乗りです。リスク管理上からも収益多様化の観点からも相乗効果が見込めます。

第一には、シップファイナンスは多額となることが多く、シンジケートローンを組むなどの手法が必要です。このため、3行を招くことでリスク分散と収益機会の提供が実現できます。

第二には、流動性管理の向上とクレジットライン運用上の改善です。海外においては米ドルなど外貨での資金供給が求められることが一般的であり、為替リスクを回避する必要があります。そこで、多くの場合は、日本で獲得した円の預金を使って貸し出しに回しつつ、長期為替予約や通貨スワップを結ぶこととなります。金融機関間の取引には資金の貸し借りもありますし、スワップのようなデリバティブ取引もあります。どの金融機関も1つの金融機関への過度なリスクの集中を避けるため、取引の上限となるクレジットラインを設けています。このため、クレジットラインがいっぱいになるとその金融機関との取引はできなくなります。その中で、通貨スワップや長期為替予約の取引はクレジットラインを加速度的に使ってしまう傾向があるのです。したがって、他の銀行の参加を募ることはメリットが大きいのです。もう1つの資金供給方法は、ドルなどの外貨預金を活用するものです。この場合は、スワップ等によるリスクヘッジは不要です。4行が合同で外貨建てシップファイナンスに加わることは、外貨預金獲得へのモチベーションも引き上げることとなり、個人等の財産形成の一部としてつなげられることも考えられるのです。

四国アライアンスは数々の具体的施策の実現を遂げてきているほか、更なる展開の余地が大きいと思います。四国という大きな市場で、共通の価値観を有する銀行が手を結んでいることは、大変意義があることだと思います。そして、この地域を束ねる「四国管領」の時代のような、グループとしての一体化につながっていくことに期待を持ちたいと思います。

北関東の覇者誕生は？「足利、常陽、群馬銀行」

歴史的に、茨城県、栃木県、群馬県をそれぞれ代表する常陽銀行、足利銀行そして群馬銀行の3行は関係が良好で、経営陣から中堅行員に至るまで情報交換などの交流を親密に行ってきました。

これら3行は2014年にATMの相互開放を行って、各行の顧客による通常の時間帯におけるATM取引を無料化することを決めました。そしてその翌年には、常陽銀行と足利銀行の持ち株会社である足利ホールディングスによる経営統合の発表です。群馬銀行を加えての大連合とはならなかったものの、ATM提携から短期間で経営統合が合意されたことには驚かされました。

翌2016年には、持ち株会社の枠組みを踏襲するため、足利ホールディングスと常陽銀行の株式交換を経て統合し、すぐにめぶきフィナンシャルグループへ商号変更を行いました。こうなれば、歴史的に縁の深い群馬銀行が合流するのは秒読みではないかという憶測が出てもおかしくありません。

隣県地銀は相互の領域進出に伴う激しい競争により、互いをライバル視し憎みあう場合が少なくありません。しかしながら、隣接する3県を代表するこれら3行が極めて良好な関係を維持していることは、特筆すべきだと思います。

これら3県の南を臨むと、千葉銀行との競合があります。千葉銀行は茨城県内において、2007年に神栖支店、2008年には守谷支店を矢継ぎ早にオープン、そして2012年にはつくば支店を新設しました。2005年のつくばエクスプレス開業以降、急速に開発が進む沿線都市にターゲットを絞り北上戦線を張っての営業強化の戦略です。この一方で、常陽銀行は千葉・船橋などの都市部に加え流山などの新興地区で攻勢を強めるなど南下戦線を強化しています。この一方、常陽銀行は、より以前から千葉、船橋、柏、松戸、安孫子などの千葉県内の主要都市に店舗を設置してきたほか、つくばエクスプレス開業を機に流山おおたかの森支店を新型個人店舗「リテールステーション」へと形態変更しました。常陽銀行はこうした南下戦略のほか、JR武蔵野線からの西進戦略により越谷や三郷などの「埼玉都民」をターゲットにした展開を行っています。

他方で、北方への営業戦線の展開は積極化しておらず、こうした戦略のベクトルの方向性も北部で接する足利銀行との親密性を失わなかった一因となっているのかもしれません。

こうした状況を踏まえると、千葉銀行や横浜銀行などとのアライアンス形成への距離感は遠く、今後の連携の視野に入るのは、やはり群馬銀行とめぶきフィナンシャルグループ傘下2行との進展ではないでしょうか。

では、群馬銀行が合流することで出来上がる「北関東連合」結成による経済的付加価値は見込めるのでしょうか？

第一には、第3章でも述べましたが、アメリカ等の再編を見ても「面での覇権」を繋げる戦略的統合は有効性が高いということです。この3県においては、地方銀行で筑波銀行（茨城県）、第二地方銀行で東和銀行（群馬県）と栃木銀行（栃木県）があるほか、信金や信組などの協同組織金融機関が多数存在していますが、これら3行の存在感は大きく、再編によりこの地域で覇権を握る有力な銀行グループが確立されることとなります。

第二には、法人など事業顧客にとってのメリットです。群馬、栃木、茨城の各県は、地域の特産品で有名なものが多く第1次産業が強いイメージがありますが、実は工業製品に

図表5-2：都道府県別製造品出荷額ランキング（2017年度、単位：兆円）平均負債総額の推移

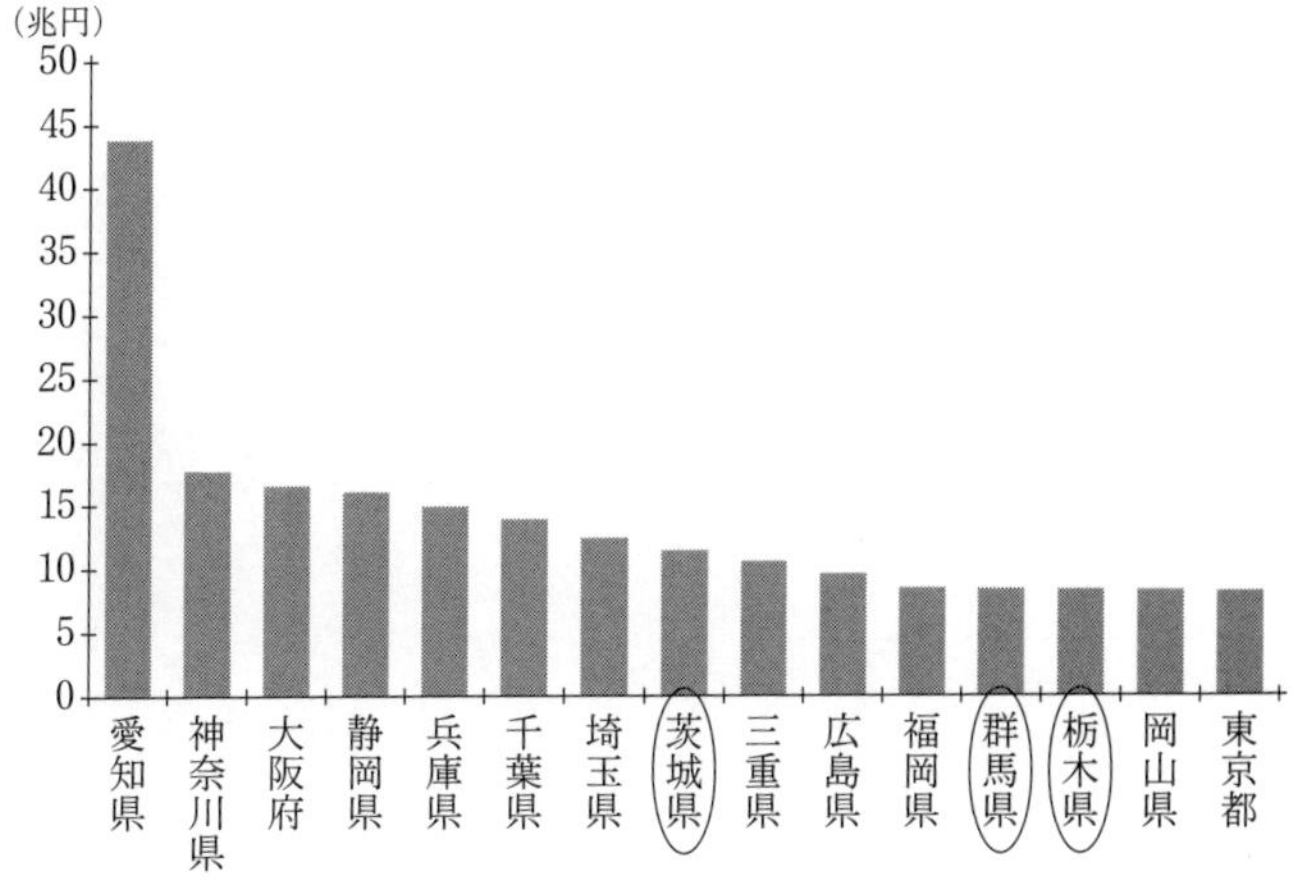

出所：経済産業省「平成30年工業統計速報」に基づき筆者作成

関しても有力な産業集積地になっています。経済産業省の工業統計調査によりますと、都道府県別の製品出荷額では茨城県が第8位、群馬県と栃木県がそれぞれ12位、13位といずれも15位の東京都を上回っています（図表5－2）。茨城県は日立製作所の発祥で有名ですが、日立市など県北では非鉄金属や電気機器、鹿島灘を望む県東では化学、鉄鋼、古河など県西では輸送機器が主力産業となっています。群馬県はスバルこと富士重工業の原点である中島飛行機誕生の地でもあり現在でも自動車など輸送機産業が盛んなほか、隣の栃木県も「ツインリンクもてぎ」でなじみがある本田技研工業の生産拠点をはじめこちらも輸送機産業がトップ産業となっています。このように北関東3県はモノづくりの重要な拠点を抱えています。このため、3行の経営統合はビジネス機会に関する情報集積を通じて、顧客にとってもビジネス機会の拡大の恩恵がもたらされる期待が持てるのです。

第三には、共通インフラの統合と効率化・高度化です。めぶきフィナンシャルグループは第二次中期経営計画の中で、ＲＰＡ（ロボティック・プロセス・オートメーション）なども活用した事務システム統合・合理化、店舗の効率化・多様化に取り組んでいます。また、りそなホールディングスとも協力しながらデジタリゼーションへの対応を進めているところです。一方で群馬銀行も、店舗機能の再編を踏まえたチャネル改革や「デジタル・イノベーション」への強化を表明しています。これらの独立した取り組みを一体化させることで、それぞれの時間軸を短縮化し、経営資源投入を節約しながら、より大きな効果を生むことが可能になるのではないでしょうか。

再編について

本節では、イマジネーションを駆使して筆者の勝手な再編イメージをお示ししてまいりました。このような組み合わせを示すことは、あたかも経営統合することが重要で再編という選択を推奨しているように思われるかもしれません。しかし、再編ありきの議論ほど不毛なものはないと思います。

横浜銀行の大矢頭取のお話にもありましたが、経営統合は多大な時間とエネルギーを要するものです。このため、デジタリゼーションにしても地域経済の活性化にしても、複数の銀行による協働によって成果を求めるプロジェクトに関して目的をより短期間で効率的に達成することができれば、経営統合などに資本的な関係を強化する必要もないのです。

しかし、経営統合はこれらの課題に取り組むコミットメントの深さを引き出す効果もありますので、各銀行の置かれた立場や価値観、そして銀行間の相互信頼などの状況に応じて、異なる解があると思います。

2024年問題もきっかけに

再編に関連して最後に一点だけ気になるポイントを示しておきます。それは、「2024年問題」です。知る限りはこの問題に注目している方はいないようですが、数年後には当局はもちろん、銀行業界そしてメディアも無視できないと思います。

巻末に「銀行への公的資金注入残高」を掲載しております。これは序盤で述べました金融機能強化法に基づく公的資金のうち、未返済残高があるもののリストです。なお、公的資金と一般には呼ばれていますが、厳密にはその保有者は預金保険機構です。この公的資金は普通株式への転換権の付いている優先株式で、すでに全銘柄が当局の判断により普通株式への転換が可能である状況です。

問題なのは、「一斉転換日」でこれが実質的な満期の役割を果たすので、この期日が到来するとすべての優先株式が普通株式へと強制的に転換されることとなります。これにより、預金保険機構が議決権を有する形となります。もちろん、市場売却による回収も可能ですが、売却損失、すなわち国民負担は回避しなければなりません。そうなると、当局としても早めに再編を含めて持続可能性を高める方策を求めていかざるを得なくなります。

独占禁止法上特別措置法の時限性、金融機能強化法の申請期限、そして（一部の銀行ではありますが）この一斉転換の問題と、業界としても行政としても動かざるを得ない事態は迫っています。

【注】

1　株式会社ＦＩＮＯＬＡＢと一般社団法人金融革新同友会ＦＩＮＯＶＡＴＯＲＳが主催する「Japan Financial Innovation Award 2020」の最高賞。

2　統合が競争の阻害となるか否かの１つの物差しはＨＨ指数（ハーフィンダール・ハーシュマン指数）が重視されていて、市場シェアの自乗の和が２５００を超えると審査により慎重さが加わります。ですから、シェアの和が70％を超える場合は、ほとんどがこの基準に引っ掛かる形となります。

地銀64行の独自分析

銀行名	本店所在地	持ち株会社	現状の評価	今後の課題	将来的な再編等の注目
㈱北海道銀行	北海道	㈱ほくほくフィナンシャルグループ	北洋銀行との競合関係はあるものの、地方銀行としての存在感は大きい。異業種からの積極採用など人事の多様化を意識して進めてきたことで、官民を問わずコンサルティング能力向上など一定の成果が得られ始めている。地域共生施策として評価できる。	北海道は札幌等の中核都市を除く多くの地域での急速な高齢化、人口減少による経済停滞が見込まれる。また、不採算店舗と地域コミュニティ貢献のジレンマがある。日本郵便をはじめ店舗協力などによりコストダウンを目指すべきではないか。	まずは東北3行（青森、秋田、岩手の各銀行）、ないし4行（前記に加えみちのく銀行）との合流に注目したい。また、システム開発等で関係が深いコンコルディア・フィナンシャルグループとの広域連合の形成の可能性についても注目したい。
㈱青森銀行	青森県		みちのく銀行との業務提携など県内トップバンク同士が手を結ぶ動きは、新潟県や長崎県における再編を彷彿とさせるものである。人口動態変化など経営環境が厳しい見通しを示唆する中、難しい展望。顧客利益と自行利益の同時拡大に向けて、踏み込んだ連携が望まれる。	9割が迫るOHR（粗利経費率＝経費÷業務粗利益）（２０２０年3月期決算）など効率性と収益性の向上が課題である。更なる資金運用利回り低下が見込まれる中、顧客収益強化が急務である。そこで、みちのく銀行など他行との提携や再編による抜本的改善策も望まれる。	まずは、みちのく銀行との県内再編の可能性に注目である。そしてその先には、北東北大連合（青森、秋田、岩手、みちのく）の構築、とその先にあるほくほくフィナンシャルグループとの広域連合の可能性についても捨象はできないため注視していきたい。
㈱みちのく銀行	青森県		有価証券ポートフォリオ見直しの結果として、業務純益が赤字に転落。有価証券利息配当金に支えられてきた資金利益も、この貢献剝落で大幅減少（２０２０年3月期決算）。コア収益立て直しが急務である。	総資金利ザヤがマイナスとなっており、収益の柱である預貸業務の再構築が必要。金融機能強化法に基づく公的資金返済も将来的課題。青森銀行との再編等も視野に、抜本的再構築が望まれる。	独占禁止法時限措置を踏まえた青森銀行との再編の可能性に注目。その上で、北東北大連合（前記）あるいはほくほくフィナンシャルグループを加えての広域連合への可能性の拡がりの行方が注目される。
㈱岩手銀行	岩手県		地域での盟主ではあるものの、地方銀行2行、第二地銀1行がしのぎを削る県内市場での収益性改善は難しい。親密な関係を醸成してきた東北他行との更なる関係強化も進行中である。	主な収益性指標で親密他行（青森銀行、秋田銀行）を上回るものの、預貸率（譲渡性預金含む、平残ベース）が6割を下回るなど最も低い。自行のみではなく、親密行や県内市場での覇権を束ねる再編などの選択余地もあるのではないか。	北東北大連合（岩手、青森、秋田、みちのく）の構築、とその先にあるほくほくフィナンシャルグループとの広域連合の可能性。現段階で気配も感じさせないが県内3行を束ねる再編にも期待したいところである。

㈱東北銀行	㈱七十七銀行	㈱秋田銀行	㈱北都銀行
岩手県	宮城県	秋田県	秋田県
			フィデアホールディングス㈱
アグリファイナンスを事業の柱のひとつと捉え、6次産業を支える取り組みを進めている。一方で岩手県内の貸し出し市場は過当競争が進み、収益が圧迫されている状況である。	渋沢翁の「道徳経済合一」の経営が脈々と続き、地味ながら堅実な戦略が一貫して取られている。独立独歩の経営姿勢は強く、他行との関係においてもシステム等の提携は是々非々で行うものの、地域再編とは無縁な存在という印象がある。	起業と事業承継支援へのミッション強化は好印象、萌芽段階ではあるが、取り組みを続ければ他行比でも情報生産機能向上も図れる。北東北連合の環境強化も進んでいる。	公的資金がレガシーとして残っているが、未返済残高がある他行に比べ資本基盤の改善は進みつつある。営業上の特徴としてはバンカシュランス推進という名の下で保障性商品を扱うアドバイザー養成など個性ある活動も行っている。
資金運用利回り低下などを背景に、8割を超えるコアＯＨＲが恒常化しつつある。このため、効率性・収益性の改善が急務。金融機能強化法に基づく公的資金返済も課題。岩手県内における再編も選択肢ではないか。	東北地方の銀行の中では、同行のＯＨＲは低く、経営効率性が高い。一方で、預貸率は6割水準で推移しており、超低金利下では収益の圧迫材料となっている。このため、有価証券の運用強化を企図しているが、地域に関連した業務強化への経営資源投下が望まれる。	県外貸出しが伸びる一方で、県内が伸び悩んでいる状況である。また、ＯＨＲも8割超が常態化しており改善余地が見受けられる。他方で、資金利益の減少も他行比で緩和されている印象があるものの、有価証券利回り上昇に支えられている点は反対に懸念材料である。	県内においては秋田銀行との競合関係強く、個性ある戦略展開が求められる。また、２０２２年度までに公的資金（持ち株会社を通じて北都銀行）返済後の自己資本比率９％台を目標としているが、この課題達成が近い将来の関門である。
飽和状態の県内市場における再編として、岩手銀行への合流は一つの選択肢として否定はできない。このほか、隣県のフィデアホールディングスとの提携の延長線上に越境再編の道があるかが興味深いところである。	再編からは距離を置き、独立路線は続きそうな印象。しかし、じもとホールディングスを始めとする銀行を取り込むことで、地域覇権をさらに盤石にする選択も考えられるのではないか。	上述の通り、北東北大連合（秋田、青森、岩手、みちのくの各銀行）の構築に期待を寄せたいところである。また、その先にあるほくほくフィナンシャルグループとの広域連合の可能性も興味深く見守りたい。なお、県内再編の距離感はある印象だ。	県境を越えた再編が活性化する可能性は否定できない。提携相手である東北銀行のほか、持ち株会社が本店を置く宮城に地盤を構えるじもとホールディングスとの関係も無視はできない。

銀行名	本店所在地	持ち株会社	現状の評価	今後の課題	将来的な再編等の注目
㈱荘内銀行	山形県	フィデアホールディングス㈱	北都銀行と経営規模で差はないものの、貸出ポートフォリオが大きく異なり、住宅ローン比率（45%程度で推移）が高いのが特徴。以前は、投信・保険などの金融商品販売で地銀業界の中でも目立った存在であったが、現在は手数料収入の比率も顕著な高さではなくなっている。	得意とする住宅ローンの競争激化は続き、今後貸出利回り低下が進むことが懸念される。国債以外の投資では、他行が手掛ける株式投信型より外債が主役を占め、評価益が際立つ。今後のポートフォリオ運営が重要となる。	前記の北都銀行でも記したとおり、提携相手である東北銀行のほか、じもとホールディングスとの合流における広域での連合体形成の可能性は踏まえるべきではないか。
㈱山形銀行	山形県		県内トップバンクとして地歩を固めるべく、店舗改革や新営業店端末導入などによる業務革新に取り組んできた。しかし、山形県内においては、依然3地銀がしのぎを削っている状況であり、金利競争などの懸念から、収益性改善には課題を残す。	財務基盤や主たる収益性・効率性指標に関しては、近隣の地銀と比べても良好な状況にはあるといえよう。しかし、地域金融の持続可能性を担保するためにも、県内市場におけるプライスリーダーシップを握るべく、再編も視野に入れたいところである。	荘内銀行（フィデアホールディングス）、きらやか銀行（じもとホールディングス）の何れか、あるいは両方との再編が実現すれば、周辺市場への影響も大きく地域再編の台風の目となりうるため、期待をもって見守りたい。
㈱東邦銀行	福島県		銀行としての「健康」（収益性）と「健全」（財務体質）の向上に向けた戦略に取り組んできた。財務的には盤石化しているものの、ROE水準（2020年度における修正目標2・5%）に象徴される通り収益性向上には課題残す。	県内では圧倒的存在感があるものの、OHRが高くマイナス金利下での資金利益減少が続けば業務損失も考えられる。その意味で、効率性・収益性に課題がある。TSUBASAアライアンス等の連携以外に、再編を通じた市場覇権を目指すのも一つではないか。	福島銀行との再編の機運は萎んだように見えるが、引き続き県内での地盤強化への動きがあってもおかしくはない。頭の体操的には、県境越えてのライバルである常陽銀行（めぶきフィナンシャルグループ）との合流もひとつの選択として可能性は捨象できないと思われる。
㈱常陽銀行	茨城県	㈱めぶきフィナンシャルグループ	製造業等による経済集積率が高い茨城県の地の利を活かすほか、つくばエクスプレスや武蔵野線などの沿線を巡る越境戦略を展開してきた。歴代の頭取の地道な経営姿勢に加え、証券戦略にも早期から着手するなど進取の精神を有した銀行である。	OHR6割弱という直近計数（2020年3月期）は有価証券売却益の貢献もあり実態としては6割台半ばである。法人情報のネットワークを拡大し、ソリューション提供を通じた役務利益や貸出機会創出に努めるべきではないか。	従来から強い絆で結ばれてきた常陽銀行、足利銀行、そして群馬銀行だけに、3行統合による北関東連合形成における「ミッシング・ピース」である群馬銀行との関係からは目が離せない。

㈱筑波銀行	茨城県		地域内における再編を重ねながら、統合効果実現による経営効率向上に努めてきた。一方で環境変化への対応にもぬかりがなく、フィンテックに係るアライアンスなどにより、限られた経営資源で環境変化に対応してきた。	公的資金返済は経営課題の一つであるが、ＯＨＲが9割前後で推移しているほかコア粗利益ベースではさらに損益分岐点までの距離感が近いことが問題である。本業収益の持続可能性の確保こそが最優先課題である。	関東銀行とつくば銀行、そして茨城銀行と経営統合を繰り返してきただけに、再編への心理的ハードルは高くないだろう。圏央道が結ぶ栃木銀行、東和銀行との組み合わせや、茨城県内での覇権確立として常陽銀行との合流も捨象できない。
㈱足利銀行	栃木県	㈱めぶきフィナンシャルグループ	リスクアセット・コントロールにより自己資本比率は着実に改善しているほか、開示債権の状況も含め財務基盤の健全性は向上した。この一方で、人的資源など経営資源が制約される中、店舗のブロック制など人事的課題への対応も取られつつある。	経営再建後は財務基盤強化に成功したが、収益性に課題を残す。資金利益については投信解約益等の剝落もあり、直近（２０２０年３月期）のコア業務純益が過去3年の平均対比で3割弱の減少となるなど、厳しい状況である。このため、顧客収益の改善策が突き付けられる。	前記の常陽銀行でも記したとおり、北関東連合形成に向けた群馬銀行との関係からは目が離せない。現状は個別の業務提携による関係強化に留まるが、地域覇権の面での展開実現への動きに期待したい。
㈱群馬銀行	群馬県		プロセス・チャネル・人材の改革に取り組み、フィンテックについても「フィンクロス・デジタル（地銀7行共同出資）」などを含め対応。預貸金県内シェアは35％程度で安定推移しているものの、成長の機会を求めて「京浜阪」での貸出を漸増させている。	他の例にもれず粗利益減少によりＯＨＲが上昇傾向にある。財務体質的には問題ないが、長期的持続可能性を担保するためには、都心部における与信増加よりも、群馬県を中心としたフランチャイズのある地域における収益性強化を加速させる必要がある。	前述の通り、歴史的な関係からめぶきフィナンシャルグループとともに北関東連合の結集に発展するかは全国的に見ても地域再編の注目点。経営陣からはやや再編から距離を置いたコメントに留まるが、地域覇権の面での展開実現への動きに期待。
㈱武蔵野銀行	埼玉県		古くは埼玉銀行、現在は埼玉りそな銀行と埼玉県内の市場で競合してきた。これに加え、近年では北関東を始めとする他県からの競争が激化している。こうした経営環境の中、銀行としては珍しく10年の長期経営計画を策定している点は評価に値する。	都市型地銀にしては収益性指標が改善余地を示す一方、有価証券関連インカムゲイン減少から粗利益減少。千葉・武蔵野アライアンスについては「独立経営」が明記されているものの、時代の変化を先取りした大胆な進展を期待したい。	全国的に注目度の高いのは千葉・武蔵野アライアンスの経営統合までの成熟化の如何であるが、さらに千葉・横浜パートナーシップを交えての「首都圏銀行」への進展については、ある種の夢に近い期待感を持ちたい。

銀行名	本店所在地	持ち株会社	現状の評価	今後の課題	将来的な再編等の注目
㈱千葉銀行	千葉県		わが国を代表する地銀の一行として、盤石かつ安定感のある経営を行ってきた。その一方で、システム共同開発を起点とした広域提携を多様な協働を実現するアライアンスへと育て上げる、あるいは近隣競合行との提携を結ぶなど躍動感ある経営も同行の魅力である。	ＯＨＲが5割に近づくなど地銀とは思えない効率性の高さを誇る。ＴＳＵＢＡＳＡアライアンスや武蔵野銀行、横浜銀行との提携を積極的に進めているが、これは再編への布石というよりは寧ろ独立性を守るための機能補完と思われる。今後は環境変化に応じて、再編も是々非々で検討対象となってもよいのではないか。	前記述べたとおり、千葉・武蔵野アライアンスの再編までの進化や、横浜銀行（コンコルディア・フィナンシャルグループ）を交えた「首都圏銀行」化に留まらず、ＴＳＵＢＡＳＡアライアンスを広域持ち株会社プラットフォームに発展させるなど幅広い再編の選択肢があり、興味深い。
㈱千葉興業銀行	千葉県		みずほ銀行の持ち分法適用会社である同行は、千葉銀行と京葉銀行という地盤を共有する他行との競争に加え他県からの攻勢も受けている。「高収益コンサルティングバンク」を標榜して戦略を展開するが、経営環境は厳しい。	営業店事務量削減などで成果を見せるものの、戦略経費増加や金利低下による粗利益減少により、収益性改善に課題を残す。みずほフィナンシャルグループの考え方に影響は受けるものの、地域内あるいは広域再編の選択肢も。	既に他のメガバンクは地銀をグループ外へ出す戦略に動いている。みずほ銀行あるいはみずほフィナンシャルグループのグループ戦略に変化が出た場合に、持ち株の売却をきっかけとした再編につながる可能性がある。
㈱きらぼし銀行	東京都	㈱東京きらぼしフィナンシャルグループ	東京都民銀行、八千代銀行、新銀行東京が２０１８年に合併、システム統合も２０２０年５月完遂。コンサルティング営業を旗印に掲げる。従来から東京都民銀行が他行に先駆けたビジネスローンに取り組んできた経営があり、これに象徴される中小企業との密接な営業が背景ではないっか。	合併後の経営計画でもコンサルティングの中に事業性融資や「創業ならきらぼし銀行」を標榜している点が、情報生産機能を重要視する姿勢として評価できる。これをしっかりと遂行できるかどうかで課題である収益性向上の可否が決まる。	経営統合からさほど機関が経過していない中で次の再編を目指すのは簡単ではないが、近隣で合従連衡の動きが活性化されれば収益構造を大胆に変えるような再編機会も浮上するかもしれない。
㈱横浜銀行	神奈川県	㈱コンコルディア・フィナンシャルグループ	地銀の雄としてのポジションに甘んじることなく、積極的再編戦略により首都圏における営業力強化に取り組んできた。また、千葉銀行とのパートナーシップなど競合相手とも手を組む戦略展開に期待が広がる。	グループ銀行である東日本銀行の立て直しが目の前の課題である。そして、より本質的にはＯＨＲに象徴される収益性・効率性の改善が中期的な課題である。現在取り組んでいる、業務量の削減とコアビジネスの能力向上を同時実現することが重要である。	ビジネスベースの提携のスタンスから、資本関係まで踏み込んだ大同団結の動きに変容していく可能性を見たい。パートナーシップの延長線上での千葉銀行等との「首都圏銀行」化、あるいはＭＥＪＡＲを通じたほくほくフィナンシャルグループとの合流などこちらも多様な道筋が想像できる。

㈱第四銀行、㈱北越銀行（2021年より第四北越銀行）	㈱山梨中央銀行	㈱八十二銀行	㈱大垣共立銀行
新潟県	山梨県	長野県	岐阜県
㈱第四北越フィナンシャルグループ			
新潟県でしのぎを削るトップバンクの合併により、地域における盤石な覇権が築かれた。市場内覇権を実現するモデルであるとともに、競合関係にある両行が、過去にこだわらず地域全体の持続可能性への価値観をシェアできた点は全国の見本となる。	山梨県内唯一の地銀として市場における存在感は大きく、財務体質の強靭性も高い。県内におけるコミットメントはもちろんであるが、収益を追求する上である程度の経済集積密度の高い商圏での活動は必要で、隣接する西東京地区での競争力強化に取り組んでいる。	長野県内でのシェアは預貸共に突出しているが、県内における資金需要が希薄なことから県外での与信残高が多い。この結果、法人向け貸出については県外向けが県内向けの2倍近くとなっている。事業承継や創業支援などへの経営資源の傾斜は目を引く。	超ユニーク銀行として独自性の高い取り組みを展開している。移動式やドライブスルー式などの店舗形態を始め、通帳等の必要のない手のひら認証ATMや365日稼働しているエブリデーバンキングなど枚挙にいとまがない。
外からは第四銀行主導に見えるがそれ自体は問題ないし、「融和」は意味ある統合の敵である。しかし、北越銀行の良さを重視した合併行の取り組みが重要。財務的には問題ないが、効率性・収益性に課題を残す。	収益性・効率性などのフロー指標や利ザヤの低下ペースなどに関しては、中堅以上の地方銀行の中では平均的なパフォーマンスである。特筆すべき話題としては、創業スクールを始めとして、創業・第二創業支援の取り組みを重要視しており、これによる高付加価値創生に期待したい。	OHRは6割台前半と高い効率性を誇るが、債券関係損益を除くコアベースでは7割弱となるため、顧客関連のコア利益の確保が課題である。また、八十二証券や八十二リースなどグループ力を強化しており、「連単差」拡大もう一つの課題と考えられる。	同じ岐阜県内の十六銀行とは一線を画し、オリジナリティの高い営業戦略を展開し岐阜と愛知両県へのフランチャイズを築いてきた。一方で、収益性や効率性は課題を残し、ここ3年間はOHR8割台が続いている状況である。
まずは合併効果の実現が優先課題であるが、新潟県内だけでの安寧を確保するだけではなく、広い地域での持続可能性を確保するための隣県連合を展望すべきであろう。また、TSUBASAアライアンスを介した再編の道も選択肢である。	独立路線が基本になるだろう。山梨県内に加え西東京における市場開拓は問題ないが、ボリュームを求めて都心などの経済集積率の高い地域への進出よりも、フランチャイズ強化に集中することが望まれる。	県内もう一つの地銀である長野銀行との再編も否定はできないが、県内における企業向け与信ニーズの限界もあり、広域再編も可能性があるのではないかと期待される。	独自性を追求するスタンスを変えないためにも、独立路線は続く可能性は高い。特に「土屋家」の影響力は今後も見通され、境頭取の下においても他の金融機関の救済を除いては再編の波に入ることはないと思われる。

銀行名	本店所在地	持ち株会社	現状の評価	今後の課題	将来的な再編等の注目
㈱十六銀行	岐阜県		岐阜県下におけるリーディングバンクであり、三菱ＵＦＪフィナンシャル・グループとの良好な関係を背景に同グループ傘下の岐阜銀行を吸収合併するなど地固めを行ってきた。大垣共立銀行同様に愛知県も大きな地盤である。	２０２７年の創立１５０年に向け「環境変化に対応した強靭な収益体質」を確立させる取り組みもあり、直近（２０２０年３月期）においてＯＨＲが６割台となった。これを牽引した手数料収益と有価証券関係資金利益を、より安定性の高い利益により代替することが課題である。	名古屋銀行、百五銀行とは従来から親密な関係を維持、ビジネスマッチング等へつなげるための合同での企業交流を定期的に実施。可能性としては、岐阜県内での大垣共立銀行との再編よりは、周辺地銀との再編の可能性が高いのではないか。
㈱静岡銀行	静岡県		マネックスグループの筆頭株主となる26％強の議決権を取得し持ち分法適用として、銀行業界や株式市場を驚かせた。地銀としては、ユニークでかつ大胆な動きである。以前は財務的盤石さと安全志向の印象が強かったが、総合金融サービスプロバイダーとして躍動感がある。	銀行単体としても６割程度のＯＨＲを維持するなど効率性の高さが認められる。また、金融グループとしての成長を重視している同行は、連単差も当期利益ベースで50億円台まで来ていることから、今後も複合金融サービスの充実度、成熟度が注目される。	銀行との再編を目指すというより、静岡銀行を単独の中核として残しながら、金融サービスの幅を拡大するための異業種再編に向かう可能性のほうが高いのではないか。
スルガ銀行㈱	静岡県		シェアハウス向けなど不適切融資で行政処分を受け、レピュテーションはもちろん財務的にも大きなダメージを受けた。創業家およびファミリー企業との資本関係を解消、株式会社ノジマが２割弱の議決権を握る筆頭株主となり、経営再建中である。	与信コスト計上で赤字転落したが、２０２０年３月期は黒字化し自己資本比率も10％台を回復。信頼回復は当然だが、ニッチを看過せず地道にニーズを掘り起こしていた過去の良さを見つめ直しながらビジネスモデルの再構築が急がれる。	現在は組織とビジネスの立て直しが最優先であるが、筆頭株主の意向如何では再編の俎上に乗ることも否定はできない。
㈱清水銀行	静岡県		第４のメガバンク構想を掲げるＳＢＩホールディングスと資本提携を発表し、３％を上限に同行の既発行株式を取得する一方、同行もＳＢＩ株式を取得するということで、他の資本支援事例とは峻別したほうがよいだろう。	創立１００周年を迎える２０２８年に向けて経営基盤強化やコンサル力を持った人財育成などに取り組んでいる。新中計では経費率目標が示されていないが、持続可能な収益確保のために前中計の７割台の到達を目指すべきである。	日本経済新聞による豊島前頭取インタビューでは単独路線が基本で、法整備を待って信用金庫などとの合流も視野に入れているとのことであった。しかし、ＳＢＩとの関係がさらに深化する可能性も十分あるのではないかと思われる。

㈱百五銀行	三重県		三重県のトップバンクの地位は、三重県内の三重銀行と第三銀行が経営統合した今も揺るがない。近年では愛知県内における住宅ローン事業強化に乗り出しているほか、相対的に収益性の高い「事業性評価融資」の積み上げも積極化させている。	２０１９～20年度の国債等償還が資金利益を圧迫、コア利益の打ち返しが必要である。７割台半ばのＯＨＲ改善のために、中計目標に掲げる法人ソリューション手数料収益（現状目標の半分強）や事業性評価融資を地道に増強する必要があるものと思われる。	三重県内の更なる再編も否定はできないが、それは三十三フィナンシャルグループが苦境に立たされるなどの場合であり可能性は低いと考える。寧ろ十六銀行や名古屋銀行など近隣親密地銀との再編への期待をしたい。
㈱三重銀行	三重県		地域内の第三銀行と経営統合し三十三フィナンシャルグループを設立、２０２１年５月には傘下銀行も合併し三十三銀行が誕生する。法人向けには事業承継やプロジェクト案件対応、個人には資産運用などソリューション機能を強化中である。	投信等への依存を低減し、より持続可能性の高い利益を積み上げていくためには、新銀行として旗印とするソリューション強化が重要。単なる貸出のシンジケートローン化ではなく企業等の悩みを解消するためのファイナンス機能提供が大切。	先ずは新銀行としてのシナジー実現と、中継で掲げるＫＰＩ（創業支援件数など）の遂行が次の再編より優先順位が高い。なお、将来的には三重県内での百五銀行との統合より、広域連合への参画の可能性が高いのではないか。
㈱北陸銀行	富山県	㈱ほくほくフィナンシャルグループ	北海道銀行と共同開発したＡＩツール（保険証券分析）などのフロント支援やＲＰＡによる業務量削減などのバックヤード支援などテクノロジーを活かした生産性向上に取り組むほか、ビジネスマッチングなどソリューション提供の成果も表れている。	ＯＨＲは名目ベースで６割台前半、コアベースで７割弱。国内資金利益の減少が続いており、有価証券運用で打ち返すのではなく、事業性評価融資増強など貸出ポートフォリオの入れ替えで利回り向上を狙いたい。	前述の通り、北海道銀行を支点とする東北３行（青森、秋田、岩手）ないし４行（左記に加えみちのく）との合流、さらにコンコルディア・フィナンシャルグループとの広域連合の可能性について注目したい。
㈱富山銀行	富山県		富山県は地方銀行２行（富山銀行、北陸銀行）と第二地方銀行（富山第一銀行）が存在しており、経営規模で３番手。新本店建設に伴う経費負担もあり、業務純益が減益となった。	直近期（２０２０年３月期）では新社屋建設に伴う物件費等の増加を、資金利益増加で吸収したものの、ＯＨＲは７割台から８割台へ悪化。国内業務部門の有価証券利回り上昇は私募投信解約益の可能性もあり、安定的収益源確保が必要である。	県内における再編として、第２位の富山第一銀行との経営統合も選択肢である。そして、その先にあるのは北陸大連合として、福井銀行や北國銀行との合流などがあればと北陸全体の地殻変動となる。

銀行名	本店所在地	持ち株会社	現状の評価	今後の課題	将来的な再編等の注目
㈱北國銀行	石川県		石川県唯一の地銀として「次世代版地域商業銀行」を目指して、業務プロセス改革やＡＩ活用など生産性向上に取り組んでいる。またグループ力向上のため、カードやリースなどの付随業務強化にも注力している。	直近のＯＨＲは6割強まで低下しているが、債券関係損益を除くと7割程度に留まる。中計においてはコンサルティング、カード、リースで40億円を掲げているが、目標までの道のりは長い。	北陸地方の業務提携ＦＩＴ（福井県、石川県、富山県の頭文字）ネットを発足させて15年が経過した。この提携は福井銀行および富山第一銀行との間のＡＴＭ無料開放であるが、今後の環境変化に応じて更なるステージへ発展する可能性はある。
㈱福井銀行	福井県		福井県内にはほかに第二地方銀行の福邦銀行が存在しているが、圧倒的なトップバンクの地位にある。両行は２０２０年に地域経済の発展に向けた包括提携（Ｆプロジェクト）で合意し、共同店舗展開などを含め協働事業を行う。	県内では預貸共にトップの盤石さはあるものの、収益性はＯＨＲ８割超という状況であり、本業ベースでの損益分岐点までの余裕度を一層残したい水準である。店舗改革、コンサル機能拡充などを地道に行うことも重要であるが、再編も選択肢ではないか。	先ずは、包括提携を発表した福邦銀行との再編が注目される。そしてその先に選択肢として期待したいのが、北國銀行や富山第一銀行との北陸大連合の結集である。
㈱滋賀銀行	滋賀県		ＳＤＧへの意識は近年高まりを見せているが、同行は邦銀として初めて国連環境計画・金融イニシアティブに署名するなど、確固たる理念に従った経営を行ってきた。単独での生き残りを前提として、京滋地区での地盤強化に一貫して取り組んでいる。	滋賀県内における京都銀行や関西みらい銀行の攻勢は厳しく、貸し出し金利低下圧力は続く。ＯＨＲも殆どの年で7割の壁に阻まれている。「ＳＤＧをビジネスに」という考え方は極めて重要であり、この延長線上でリスクテイクに躊躇しない対応が結果的には持続可能な収益性確保につながるだろう。	理想的には最も強力な競争相手である京都銀行と経営統合することが、再編による経済的価値は大きいと思われるが、まずその可能性はないだろう。滋賀銀行の独立路線は続くと考えるのが妥当ではないか。
㈱京都銀行	京都府		京都市を中心とする経済圏において京都信金と京都中央信金が強みを発揮する信金王国であるが、同行の存在感は大きい。従来からの特徴である地場優良企業の株式保有に伴う評価益が財産でもあり、変動性の高いファクターでもある。	滋賀県および大阪府による戦略積極化により成長機会を見出してきたが、２０２０年度にスタートした中計において京都府内における戦力強化と金利競争回避が盛り込まれた点に注目されている。これがしっかり履行されることが京都銀行の最大の存在意義につながると考える。	京銀証券設立や信託参入などからも暗示されるように、単独での生き残りを長期的視点から決意していることは明らかである。再編よりも、計画で謳われているステークホルダーとしての従業員重視の姿勢が持続可能性に最も必要ではないか。

	㈱関西みらい銀行	㈱池田泉州銀行	㈱但馬銀行	㈱南都銀行
	大阪府	大阪府	兵庫県	奈良県
	㈱関西みらいフィナンシャルグループ	㈱池田泉州ホールディングス		
	近畿大阪銀行と関西アーバン銀行との合併後、かなりの短期間でシステム統合も無事済ませるなど、全ての点で迅速さと効率的動きが印象付けられる。りそな銀行による信託サービスなど顧客・銀行共にシナジーを享受し始めている。	合併10年を経過し、有価証券評価損対応や店舗・事務体制の見直しにより、粗利益圧迫要因の減少と経費削減が実現。２０１７年度の業務損失をボトムとして、収益は改善に向かっている。	持ち株会社を通じたものを除けば、唯一の非上場地方銀行。兵庫県内には第二地銀のみなと銀行があり経営規模は貸出金ベースで但馬銀行の3倍程度に及ぶ。また、県内信金トップの尼崎信用金庫は但馬銀行の2倍程度の状況である。	南都銀行は橋本頭取のもとで大改革に動いており、これが成就すれば、南都銀行の将来は大きく変わるだろう。最も評価できるのは、公表された部門別収益において顧客部門が赤字で市場部門がこれを賄う構図を全面に示したことである。
	事務システム統合によりコスト負担ばかりでなく営業力がそがれたほか、今後はりそなのプラットフォーム移行に係る負荷も残るが、それだけに将来的な改善も見通しやすい。チャネル改革などによる効率性向上とともに、預貸率の高さを収益に繋げるべく与信ポートフォリオの再構築も必要だろう。	債券五勘定尻の損失が業務純益を圧迫してきたものの、外国証券圧縮などリスクファクターは低減された。貸し出しの「質」を重視する戦略転換から数年経過し、実質的な顧客収益の改善に繋がる期待を持ちたい。	非上場であることもあり、収益性・効率性改善に向けた資本市場からの規律が働きにくいのが難点である。市場部門収益への依存が少ない点は安心材料だが、ＯＨＲが８割台半ばの状況からは改善したいところである。	地銀の顧客部門の収益性低下への問題意識は、金融庁や市場と認識を共有するものであり、極めて適切な課題設定を行っている銀行である。「なんとメソッド」による生産性向上、事業承継を含めてのコンサルテーション提供がカギである。
	みなと銀行の県内ブランディングを考えれば、グループ内合併を急ぐ必要はない。他行との合流については、関西みらいフィナンシャルグループもりそなホールディングスもオープンマインドなので、特定の金融機関の参画というよりは、環境に応じた再編の形があると考える。	滋賀銀行とのＡＴＭ相互開放やきらぼし銀行とのフィンテックサービスに係る個別提携などの動きはあるが、何れも再編に結び付けられるものではない。まずは２０２５年までに確固たる独立銀行としての地位を築くことを優先するだろう。	２０１９年まで26年間頭取を務めたことからも分かる通り、同行の進路に関しては大株主の倉橋家の影響力は小さくないと思われるため、再編については経営状況が悪化しない限りは可能性は低いと思われる。	過去のレガシーに引きずられるのではなく、正しいことを正しく行うスタンスで経営に向き合う印象。したがって、独立路線か再編かのこだわりもないものと考える。顧客部門収益の見通し悪化などの状況となれば、再編の選択肢は浮上しよう。

銀行名	本店所在地	持ち株会社	現状の評価	今後の課題	将来的な再編等の注目
㈱紀陽銀行	和歌山県		和歌山県は紀陽銀行と和歌山銀行の統合により、金融機能が最も集約化された地域の一つである。県下の地銀は同行のみで信金も2行に過ぎず、圧倒的なシェアを維持している。公的資金も２０１３年に完済済みである。	拠点集約化施策等による経費削減も貢献、ＯＨＲは6割半ばまで改善（投信解約益等を除けば7割程度）。大阪での貸出増加が利ザヤ縮小を吸収。新年度は有価証券実現益を想定しているが、よりコアな収益の増強が望ましい。	すでに和歌山県内における地域覇権を握っているため、今後の再編は北上戦略の延長線上での池田泉州銀行や南都銀行との連携などが「頭の体操」の範囲では考えられる。
㈱鳥取銀行	鳥取県		鳥取県内に本店を有する唯一の地銀であるものの、島根と鳥取を網羅する営業基盤を有する山陰合同銀行としのぎを削る。証券仲介では楽天証券、フィンテックでも関連各社と提携しながら経営資源の補完を行っている。	過去5年間で業務粗利益が2割弱減少する一方で、経費減少は1割強に留まるため、ＯＨＲも8割台後半に差し掛かっている。金融商品販売では役務利益増加につながっているものの、効率性改善余地を残す。	地域覇権を握るには、（組みにくい相手ではあるが）山陰合同銀行との合流が近道であろう。このほか、機能補完としてＳＢＩホールディングスのプラットフォームへの参画も否定はできないが、前者の経済的メリットが大きいと考えられる。
㈱山陰合同銀行	島根県		山陰での存在感に加え、山陽（広島、岡山県）、兵庫県においても多額の与信供給を行う（地域別内訳は山陰51％、山陽16％、兵庫14％など：２０２０年3月末）。将来を見据えたチャネル改革も進み、店舗数を10年で3割以上削減した一方、野村証券と提携して同社のリテール顧客を取り込むなど大胆な変革を行っている。	過去5年間で国内貸出利回りが０・4％近く低下（貸出収益へのマイナス影響は25％程度）した割には、コア業務粗利益減少率は2％弱に留めるなど、資金量増加などの健闘が目立ち、ＯＨＲも6割台半ばを維持している。今後は証券提携による「預かり資産」構造改革の進展が課題である。	野村証券と同行グループ（含むごうぎん証券）の証券リテールビジネスの実質的合流はサプライズであった。躍動感ある異業種提携だけに、他行との再編にも同様の期待を持ちたいが、西日本をフランチャイズとする同行にとって組める相手としては海外拠点やＡＴＭ分野などで連携関係のある広島銀行などが考えられる。
㈱中国銀行	岡山県		第二地銀としてトマト銀行や信金が8行も競争相手として存在するが、市場シェア的にも中国銀行は岡山県の盟主。財務基盤が盤石であるほか、伝統的に市場運用にも長ける。新経営計画では２０２７年に現在の3倍近くの当期利益を目指す。	グローバルな金利低下は貸し出し以上に有価証券利回り低下を通じて業務粗利益にマイナス圧力として働く。一方で個人・法人へのコンサルテーションを通じた役務利益は改善しており、安定的顧客部門収益の改善が引き続き課題である。	山陽から北九州にかけては「ひとつ置き」の親密性があり、中国銀行は山口銀行との国際業務に係る提携関係にある。また、ＴＳＵＢＡＳＡアライアンスにおける主要メンバーとしての緊密性もある。それぞれの文脈からの再編に期待したい。

㈱広島銀行	㈱山口銀行	㈱阿波銀行
広島県	山口県	徳島県
㈱ひろぎん ホールディングス（注）	㈱山口フィナンシャル グループ	
他行との再編ではなく単独行としての組織改編としては珍しく持ち株会社（㈱ひろぎんホールディングス）を設立することとなった。銀行、証券、サービサー、リース、ＶＣなど金融機能を持ち株会社の下に並列に配しながら、個社の裁量拡大とグループ協働を両立することが狙いだと考えられる。	山口県内のトップバンクとしての地位には飽き足らず、隣県への進出を積極的に行い、東方展開にはもみじ銀行との統合、西方戦略には北九州銀行設立によりグループ展開を進めてきた。結果的に、隣県主要地銀との対立構図は先鋭化した印象がある。	徳島県内における競合先が再編し徳島大正銀行となり、経営規模が阿波銀行に近づいた。ただ、県内シェアでは阿波銀行の優位性は揺るがない。むしろ、経営統合で負荷がかかっている間に、営業攻勢をかけて基盤固めを行う機会である。一方、野村証券とのリテール証券事業の実質的統合の行方は注目される。
地銀全体の中でもＯＨＲが6割台前半で安定的に推移していることなどからも明らかなとおり、効率性は高い。持ち株会社化をきっかけにクロスセルを充実させる一方、引き続き事業性評価融資などの積み上げによりコア収益の増強に努められるかがポイントである。	従来から収益性は高く、コアＯＨＲは5割台前半で推移。商流データ分析を事業性評価、与信判断に活かすほか、シップファイナンス強化など収益力向上につなげる施策に加え、フィンテック・スタートアップ支援など長い目で見た時の投資も積極的に行っている。これらが資本効率向上につなげられるかが課題である。	財務基盤もしっかりとしている一方、ＯＨＲも6割台前半と効率性も高い。顧客・銀行・職員を三位一体とする「永代取引」というビジネス上の理念は、極めて印象的で地域金融のあるべき姿である。足元の貸し出し伸び率が県内外同水準であるので、事業性評価等より県内における伸びに期待したい。
歴史的にはシステム共同開発から個別ビジネス協働に至るまでふくおかフィナンシャルグループとの関係が密接である。また、近接する市場としては山陰合同銀行、伊予銀行、西京銀行などとの関係も良好である。持ち株会社設立による機動的な経営統合は十分にありうるのではないか。	中国銀行との部分的業務提携のほか、最近では愛媛銀行との提携に至った。元来、野心的な面での展開を行ってきただけに、近隣地銀との再編の可能性は考えられる。例えば西日本フィナンシャルグループなどのレベルの銀行グループとの合流が叶えばインパクトが大きい。	本文中でも述べた四国内の主要4行による「四国アライアンス」の進展が最大の注目である。現時点では独立性を前提としているが、提携効果の実現や相互理解の深化で経営統合への道も拓ける。他方で阿波銀行は野村証券とのリテール証券提携など独自色を見せている部分が伊予銀行系証券との温度差を感じる。

銀行名	本店所在地	持ち株会社	現状の評価	今後の課題	将来的な再編等の注目
㈱百十四銀行	香川県		香川県内においてはトモニホールディングス傘下の香川銀行や他県地銀からの攻勢はあるものの、5割程度の貸し出しシェアは維持。ただし、同行のフランチャイズを踏まえると香川県を含む広域瀬戸内圏で考えるべきで、その意味で四国アライアンスの進展は大きな影響がある。	新しい中計でＯＨＲ75%を掲げることが暗示するように、効率性・収益性改善が最大の課題である。個人、法人共通の施策としてコンサルティング力向上を目指しており、高付加価値なサービス提供が収益向上につながる期待も持てるが、域内再編による覇権確保が近道かもしれない。	本文中でも述べた四国内の主要４行による「四国アライアンス」の進展が最大の注目である。現時点では独立性を前提としているが、提携効果の実現や相互理解の深化で経営統合への道も拓ける。特に課題である収益性向上には有意義な選択肢であると考えられる。
㈱伊予銀行	愛媛県		愛媛県内地銀は同行のほか山口フィナンシャルグループとの関係が深まりつつある愛媛銀行があり、トップバンクの同行も油断できない状況。ビジネスは地域特性を活かし、船舶ファイナンスを軸にした海外拠点の再構築など戦略性の高さを見せ、四国アライアンスでは市場・国際業務のブリッジ役となっている。	ＯＨＲが従来の中計目標65%近くとなるなど効率性は高いものの、資本の充実度合いが非常に高いためＲＯＥが低水準な点が株式市場にとって不満。しかし、証券戦略、国際戦略、デジタル戦略等が無理せず自行の経営環境に応じた適切な対応を行っている印象がある。	本文中でも述べた四国内の主要４行による「四国アライアンス」の進展が最大の注目である。現時点では独立性を前提としているが、提携効果の実現や相互理解の深化で経営統合への道も拓ける。伊予銀行は広島銀行との協力関係もあるため、進む道は複数考えられる。
㈱四国銀行	高知県		高知県内のトップバンクとして際立ち、第二地銀の高知銀行に水をあけている。２０１３年からの10年計画の総仕上げの局面に差し掛かている。業務改革やデジタル技術導入により営業部門を支えるインフラを整えたので、コンサルティングによる収益化を実現する時期に入った。	営業店と本部の業務改革や店舗統廃合などによる経費削減以上に業務粗利益が減少し、ＯＨＲは漸減傾向が続いている。貸し出し金利回りと有価証券利回りは（無理をしない限り）低下が続くため、より踏み込んだ生産性向上や事業性評価融資の深掘りなどの取組みが必要だろう。もちろん、四国内再編も有効である。	本文中でも述べた四国内の主要４行による「四国アライアンス」の進展が最大の注目である。現時点では独立性を前提としているが、提携効果の実現や相互理解の深化で経営統合への道も拓ける。また、高知銀行との再編も選択肢としては残こる。

㈱西日本シティ銀行	㈱筑邦銀行	㈱福岡銀行
福岡県	福岡県	福岡県
㈱西日本フィナンシャルホールディングス		㈱ふくおかフィナンシャルグループ
2016年に持ち株会社形態へ移行後、同行と長崎銀行にカード、証券などの機能別子会社を並べたグループ組織となった。自らのフランチャイズを意識した経営を続け、ボリュームを追求するのではなく地域性を重視している。この結果、中小企業等貸出比率、貸し出しに占める福岡県内割合ともに8割程度となっている。	本文で述べた通り2020年にSBIホールディングスとの資本提携を含めた合意に至り、第4のメガバンク構想への参画が報道されたが、現時点ではSBIの有するテクノロジーのノウハウを取り込む経営資源の補完的位置づけであると考えたほうがよかろう。	九州における再編の台風の目として注目を集めてきたが、その戦略は再編ありきではなく、時代の先を見つめながら持続可能性を追求する経営に徹している。このため、より広い視野で地域覇権を意識しながらも、イノベーションをリスクではなく機会として捉えた戦略展開を続けている。
概ね7割程度のOHRを維持している。とはいえ、激しい競争環境を踏まえれば、同行が掲げる創業支援、地域開発などインフラ再構築支援、事業承継やM&Aなどの法人ソリューション提供などを通じた粗利益確保と、業務改革による生産性向上を通じたローコストオペレーションが課題である。	競争環境が厳しいなかで、クリティカルマスを確保するには困難な印象である。財務基盤も改善の余地があるが、それ以上に持続可能性確保のための期間収益の安定化が必須である。コアOHRが9割程度の状況では、安定的な地域貢献には不十分である。	安定的に5割程度のOHRを名目、コアそれぞれのベースで維持するなど、地銀のなかでも出色の効率性を誇る。経済集積率の高い福岡における大手・地銀との競争は激しいが、デジタル化による生産性向上や、家計運用支援施策（ポートフォリオ営業や時間分散投資推進）などにより高い収益性を維持できるかが課題。
持ち株会社立ち上げの際には、九州における中堅・中小地銀の受け皿となるプラットフォームになるのではないかという憶測を呼んだが、ここまで浮上した動きはない。しかし、地域における再編の火種はないわけではなく、近隣地銀との大型再編、上記中小機関の受け皿となる再編はともに可能性として否定はできない。	同行の行く先をSBIによる第4のメガバンクのみに予断を持つことは適当ではない。現時点では財務的支援よりもデジタリゼーション対応の側面が大きい。また、SBIが3%の株式を取得することで主要株主である佐賀銀行の上位となるものの、佐賀銀行との関係性も強く、再編相手としては可能性を残す。	ふくおかフィナンシャルグループの中核銀行として、九州・中国地方における「面での再編」を引き続き見据える一方で、デジタルトランスフォーメーションの機能提供を全国的に地域銀行に提供することで、緩やかな連合体を組成する役割を担っていく方向感は変わらないと思われる。

銀行名	本店所在地	持ち株会社	現状の評価	今後の課題	将来的な再編等の注目
㈱北九州銀行	福岡県	㈱山口フィナンシャルグループ	山口銀行の九州における営業店を分割する形で新銀行が立ち上げられてから概ね10年が経過したが、貸し出し金が発足直後の決算期末時点の７２３１億円から２０２０年３月末時点で１兆１８０８億円まで増加、コア業務純益も初年度の８億円から40億円（２０１９年度）まで増やしている。	経費削減が順調に進み、この規模の地域銀行としては珍しくコアＯＨＲが６割台と高い効率性を示している。極めて競争環境の厳しい地域であるが、貸し出し金利回り低下は小幅に抑えられている。今後も、経営規模の小さい部分を活かして、機動性の高い経営を続けられるかが顧客基盤を充実するポイントである。	北九州銀行独自の再編戦略は考えられないため、あくまでも山口フィナンシャルグループの経営判断となろうが、九州地方における再編は低い確率ではないように思われる。ただし、その場合も北九州銀行を再編ビークルとして使うというよりは、グループ銀行の加入という形が取られるのではないか。
㈱佐賀銀行	佐賀県		佐賀県内においては第二地銀の佐賀共栄銀行が存在するが、貸し出しシェアで4割以上、預金でも5割以上のシェアを維持する同行は県内トップバンクである。しかし、佐賀県内の資金ニーズでは不十分で福岡県内における与信残高は佐賀県内のそれとほぼ同等となっている。	対顧客利益の黒字化を果たすべく合理化と収益強化に取り組んだ結果、赤字幅が大幅に縮小し、黒字化が展望できるようになった。とはいえ、有価証券運用等への依存は続いており、引き続き業務改革を通じた生産性向上と、コンサルティング力強化による顧客収益の積み上げが課題である。	システム開発など親密な関係であった十八銀行の親和銀行との合併により両行の再編への道が閉ざされたように見えるが、ふくおかフィナンシャルグループとはデジタルバンキングの機能提供を受ける関係もあり、同グループへの合流は予断を持てない。また、九州フィナンシャルグループなどとの再編も可能性は残る。
㈱十八親和銀行（注）	長崎県	㈱ふくおかフィナンシャルグループ	合併審査の過程で苦戦を強いられたものの、地域金融の持続可能性のための適切な再編が叶ったものと評価している。人口減少や高齢化など長崎県も認める「課題先進県」のトップバンクとして、法人・個人・地域へのソリューション提供を行うことで顧客満足度日本一を目指す経営に取り組み始めている。	合併準備に伴う負荷により足元収益が厳しい点は否めない。投信等に係る役務利益や有価証券関連の資金利益減少などによりＯＨＲは８割台まで悪化している。経費負担も２０２０年度までは大きいが、以降は緩和されるためシナジー実現による収益性・効率性の回復が最大の課題である。	中核地域が佐世保、長崎と異なるものの、競合関係にあった両行の合併のため摩擦が生ずるのはやむを得ない。２０２１年初のシステム統合を終え統合効果実現を加速すべきである。そのために、融和優先ではなく、主導権の所在に関わりなく各行のベストプラクティスを客観的に評価しシェアするリーダーシップが重要。

㈱宮崎銀行	㈱大分銀行	㈱肥後銀行
宮崎県	大分県	熊本県
		㈱九州フィナンシャルグループ
宮崎県のトップバンクとして、第二地銀の宮崎太陽銀行とは水をあけている。長期にわたる低金利下においては貸し出しボリューム増加に取り組み、10年間で6割程度の増加を果たした。新しい中計期間に入り、地域インフラ整備支援、チャネル改革やコンサルティング能力向上を法人・個人それぞれで強調している。	豊和銀行が第二地銀として大分県内で競争しているものの、大分銀行の市場シェアは圧倒的に高い。しかし、人口動態等県内マクロ環境を踏まえれば、体質強化が必要で、同行も店舗改革や業務効率化などで5年で経費を1割削減。顧客向けソリューション提供も強化し、中小企業向けのIT支援を実施してきた。	鹿児島銀行との経営統合は、「面での覇権」を実現する模範的な合従連衡と評価できる。隣県地銀の感情的軋轢を乗り越えて、広域での持続可能性を実現する有意義なモデルである。統合プロセスも進み、相応の効率性も維持。グループ力の発揮のため、自行の信託機能も活かす「銀証信」モデルを展開中である。
個人向けローンの利回り低下が続くものの、貸し出し全体としては利ザヤ縮小が緩和されつつある。ボリューム効果により預貸金収支は改善、コアOHRは中計目標以上に改善し6割台半ばを達成。高利回りの事業性評価融資「チャレンジ」戦略をさらに深化すべき。証券など機能補完の強化も課題。	債券評価損処理により、ここ数年業務粗利益を圧迫してきたものの峠を越した印象。一方でコア業務粗利益は金利低下の影響を吸収、経費削減もありコアOHRは中計目標を超過達成する7割前半を達成。しかし、引き続き資金運用利回りの低下圧力は高まるため、顧客収益拡充が課題として残こる。	2020年3月期のOHRは67%台まで改善。経費削減と業務粗利益増加による。ただし、業務粗利益の内容的には、資金利益と役務利益の減少を債券等の売却益で吸収した形。減少した資金利益は、外国証券積み増しによる効果を国内有価証券インカムゲイン減少が上回ったもの。顧客収益強化がグループ共通の課題。
東九州経済圏の活性化をキーワードに大分銀行との関係か緊密化している。また、前述の通り、大分銀行、鹿児島銀行、肥後銀行との協定提携つなどにより、広域再編に向けた夢は広がる。	宮崎銀行とは親密で提携事業を実施済み。加えて、ESG関連の協定という「緩い」連携ではあるが、この2行と九州フィナンシャルグループ2行が調印したことは、新しい連合体として再編までを展望を期待したいところ。なお、県内地銀の豊和銀行に関しては競争優位にある状況を踏まえ、再編の可能性は低いのでは。	九州フィナンシャルグループとしては、組織として完結されたものではなく、更なる再編が展開されても不思議ではないだろう。ふくおかフィナンシャルグループとの合流の可能性低いとしても、佐賀、大分、宮崎の各地銀を巻き込んだ合従連衡が進めば興味深い。

銀行名	本店所在地	持ち株会社	現状の評価	今後の課題	将来的な再編等の注目
㈱鹿児島銀行	鹿児島県	㈱九州フィナンシャルグループ	上述のとおり、肥後銀行との「面での覇権」を体現するための再編は高く評価できる。肥後銀行同様に財務基盤が充実しているほか、効率性も相応の水準を維持できている。グループ力の活用強化のために、今後も「銀証信」のクロスセルの展開を行っていく方針である。	２０２０年3月期においては、有価証券利息配当金減少による資金利益減少を売却益計上による債券五勘定尻増加で打ち返し業務粗利益は増加、新社屋関連での経費負担増を吸収した。このためＯＨＲは6割台半ばを維持しているが、利ザヤ縮小の中での顧客収益の強化が課題である。	鹿児島県内において南日本銀行との再編が進む可能性はゼロではないが、メインシナリオではないだろう。上述の通り、九州フィナンシャルグループとして、更なる他県を巻き込む広域再編が展開されてもおかしくはない。佐賀、大分、宮崎の各地銀を巻き込んだ合従連衡が進めば興味深い。
㈱琉球銀行	沖縄県		米国統治下において中央銀行的な位置づけで設立されたユニークな経緯を持ち、地域に対する使命感が強い一因ともなっている。沖縄県内にはほかに沖縄銀行（地方銀行）と沖縄海邦銀行（第二地銀）が存在しているが、県外からの「落下傘営業」もあり、競争環境は厳しい。	管理会計上の顧客向けサービス利益への意識が高い点は評価できる。実際に、貸し出し金に関しては利ザヤ縮小を上回るボリューム効果により預貸金収支は増加を果たした。一方で、インフラ強化に伴い物件費増加が経費負担を押し上げており、効率性改善の余地はある。	沖縄県内における合従連衡には期待を持ちたい。沖縄銀行とは２０２０年3月からＡＴＭ相互開放を決め、ライバルから部分的協働相手へと変容している。その延長線上に再編の可能性も否定はできない。ＴＳＵＢＡＳＡアライアンスに関しても、経営のプラットフォーム化する動きがあれば、その道もあるかもしれない。
㈱沖縄銀行	沖縄県		前記の通り琉球銀行（地方銀行）と沖縄海邦銀行（第二地銀）に加え県外からの参入もあり、貸し出し市場は競争が激しい。おきぎん証券を含むグループ戦略の強化による総合的な顧客収益確保に取り組んでいる。	自己資本の充足度や資産の質から見た財務基盤の盤石さに問題はない。ＯＨＲも7割台前半と平均的レベルではあるが、マイナス金利長期化が蝕む資金収支の悪化を踏まえると、減少傾向が続く投信や保険などの運用系金融商品販売や経費対策に改善余地がある。	上記の通り、強力なライバル関係にある琉球銀行とＡＴＭ相互開放を開始した。小さなきっかけに過ぎないが、独占禁止法の時限措置を踏まえ、再編の可能性も否定はできない。もちろん、沖縄海邦銀行を含めた大同合併も興味深い。

注：２０２０年10月より
出所：筆者

巻末図表：　銀行への公的資金注入状況（未返済残高のある銘柄のみ）

銀行名	年月	金額（億円）	転換開始	一斉取得日	返済状況
福邦銀行	2009年3月	60	2011年10月	2024年4月1日	
南日本銀行	2009年3月	150	2012年10月	2024年4月1日	
みちのく銀行	2009年9月	200	2017年4月	2024年10月1日	
三十三FG（第三銀行）	2009年9月	300	2012年10月	2024年10月1日	
東和銀行	2009年12月	350	2010年12月	2024年12月29日	2018年5月、200億円を返済（返済実額227.44億円）
高知銀行	2009年12月	150	2010年12月	2024年12月29日	
フィデアHD（北都銀行）	2010年3月	100	2013年4月	2025年4月1日	
宮崎太陽銀行	2010年3月	130	2010年10月	2025年4月1日	
じもとHD（仙台銀行）	2011年9月	300	2013年4月	2036年10月1日	
じもとHD（きらやか銀行）	2012年12月	200	2012年12月	2024年10月1日	
じもとHD（きらやか銀行）	2012年12月	100	2013年6月	2036年12月29日	
筑波銀行	2011年9月	350	2012年7月	2031年10月1日	
東北銀行	2012年9月	100	2013年6月	2037年9月29日	
豊和銀行	2014年3月	160	2014年4月	2029年4月1日	

注：2020年8月末現在
出所：預金保険機構統計等に基づき筆者

消える地銀　生き残る地銀

2020年9月8日　1版1刷

著者　野崎浩成

発行者　白石賢

発行　日経ＢＰ
日本経済新聞出版本部

発売　日経ＢＰマーケティング
〒105-8308
東京都港区虎ノ門4-3-12

装丁　竹内雄二
組版　マーリンクレイン
印刷・製本　シナノ印刷

ISBN 978-4-532-35864-8 Printed in Japan